UN CAMINO SIN LAMENTOS

HECTOR LA FOSSÉ

Este libro fue impreso en los Estados Unidos de América.

He tratado de recrear eventos, lugares y conversaciones según mis recuerdos de ellos. Con el fin de mantener su anonimato, en algunos casos he cambiado los nombres de personas y lugares, es posible que haya cambiado algunas características y detalles de identificación, tales como propiedades físicas, ocupaciones y lugares de residencia.

Traducción: Max Resto

Edición: Doris E. Lugo Ramírez, Ph.D.

Special thanks to Piri Thomas for planting the SEED with, "Down These Mean Streets; RIP.

To Nicky Cruz for Run Baby Run; to Eckhart Tolle; Gary Zukav, and to all the authors that inspired me with their amazing stories. But mostly to all the characters' in this book – thank you!

Dedicado a mis hijos

Conmemorando el recuerdo y el amor por mis padres y familiares:

Ramon & Francisca La Fossé, mi hermano Edwardo La Fossé y mi primo Luis M. Fossé. - Me hacen mucha falta - Descansen en paz/RIP.

Esta es la historia de un adulto que cargo al niño herido, al adolescente enojado por dentro, y los hizo atravesar por una vida tumultuosa en la Prisión, una Guerra de Drogas; y todos juntos lucharon por sobrevivir en contra de todo pronóstico, para superar y encontrar al final: el éxito y la paz interna.

Este soy yo

Mami y Papi

TABLA DE CONTENIDO

Introducción 9

Capítulo 1 Lil Man (humbrecito) 15

Capítulo 2 Huele Pega y Rateros 31

Capítulo 3 El Pacto 45

Capítulo 4 La Pandillas 53

Capítulo 5 Colegio De Gladiadores 75

Capítulo 6 Mis Hijos 103

Capítulo 7 El Juego 117

Capítulo 8 Venganza 131

Capítulo 9 Disfrutando "La Vida" 141

Capítulo 10 La Desaparición 149

Capítulo 11 Los Colombianos, Costa Rica 157

Capítulo 12 Seville: La Caída 175

Capítulo 13 Encontrándome a Mi Mismo 199

Capítulo 14 Resurrección 203

Capítulo 15 Libertad 211

Capítulo 16 La prueba 221

Capítulo 17 La Lucha Interna 229

Capítulo 18 Mi Recompensa 239

Epílogo 243

Sobre El Autor 252

Listado de Personajes 254

Introducción

Yo le tengo poco uso a mi pasado, con excepción de sus lecciones para impulsarme hacia adelante. Sin embargo, el génesis mismo de este libro se lo debo a ese ayer. Por 39 años viví una existencia carente de sentido. Un perenne estado de ansiedad, depresión y constantes pensamientos suicidas me atormentaban. Mientras escribo estas líneas, siento como si estuviera hablando de otra persona, difícil reconocerme dentro de mi propia historia. Es como si la apreciara, ahora, desde una distancia prudente, pero me parece inverosímil creer lo que toleré todo ese tiempo, sabiendo que me estaba haciendo tanto daño.

Una noche, mirando absorto al techo, todo volvió a mí en un instante. Yo era el espectador de toda mi vida que pasaba ante mí en imágenes nítidas, como en un carrete de película. Intenté cambiar el canal en mi cabeza, pero las escenas seguían reproduciéndose, como si las estuviera viviendo nuevamente. Víctima de un terror absoluto, un dolor que se intensificaba más allá de la experiencia misma, sentía un vacío interior, un profundo odio hacia mí mismo. Parpadeé y aparté la mirada del techo procurando interrumpir el flujo de mis pensamientos, sólo para retomarlos instantáneamente y sentir más miedo. Desesperado y hostil, en un momento de pura furia me levanté y comencé a romper todo cuanto estaba al alcance de mis manos. Tuve la sensación de que mi vida carecía de sentido y el odio se hizo cargo. Sin autoestima no quería continuar con la carga de la vida miserable que Dios me dio. ¿Por qué seguir de esta manera? Todo fue una lucha continua. Me sentía totalmente aislado del mundo que me rodeaba, con un coraje que calaba en lo más profundo. Pensé que no podría continuar viviendo así por más tiempo. Enfocado en esa idea, en mi mente, corrí la escena. Entonces me di cuenta de que estaba pensando en quitarme la vida y ese pensamiento me aterró. Invadido por ese miedo intenso mi cuerpo comenzó a temblar. Exhausto al fin, cerré los ojos tratando de relajarme y terminé dormido. Cuando desperté, pensé que todo fue un sueño. Me senté, miré las barras de mi celda y rompí a llorar.

Me sorprendió el darme cuenta de cuántos años pasé con estos problemas a cuestas, hacia dónde me habían traído y hasta dónde casi me han llevado. No se trataba sólo de una celda en la cárcel, sino de la prisión que había construido dentro de mí mismo. Esas paredes son mucho más difíciles de derribar, porque mi piel se endureció a medida que seguía exponiéndose a las mismas experiencias. Era lo que me estaba matando. Hasta que no enfrentara esos sentimientos, mi vida se convertiría en una puerta giratoria para el dolor.

Como humanos, estamos condicionados a aguantar, ser fuertes ante la adversidad. Se supone que debemos estampar una "R" en nuestro pecho y "Resuélvelo todo". Muchos sufrimos en silencio, avergonzados de compartir nuestros secretos por temor a ser juzgados o a desnudar todas nuestras vulnerabilidades. Esto fuerza nuestra propia existencia fuera de control. Me tomó mucho tiempo el comenzar a mirar dentro de mí mismo; además, realmente no sabía por dónde empezar. Era más fácil dejar ahí el asunto y seguir sintiéndome de esta manera con la esperanza de que con el tiempo desapareciera, que un día despertaría y jamás volvería a pensar en ello.

Con el paso de los años seguían intactos estos sentimientos y modos de pensar. Pero llegó el momento en que me di cuenta de que no podría continuar viviendo mi vida así. Incluso, después de reconocerlo, la idea de adentrarme en territorio desconocido era aterradora. Al principio estaba lleno de miedo y temor, pero de repente sucedió algo profundamente significativo. El instante mismo en que me rendí y dejé de luchar contra el proceso, comencé a sentirme más ligero y más positivo. Empecé a experimentar un sentimiento de esperanza. Fue como si de repente una luz se enciende y me liberara de los demonios que me robaron la vida. En ese momento comenzó la verdadera labor y mi vida cambió.

Aunque profundamente infeliz y en ocasiones reacio a revelarlo, permanecí firme. Finalmente, estaba exponiendo mis secretos, y a medida que me volvía más transparente, la intensa presión del sufrimiento y el miedo al autodescubrimiento disminuían paulatinamente. Mi perspectiva sobre el mundo comenzó a cambiar. Ya no estaba culpando a la sociedad, a mi educación, a mis padres o a todos aquellos que me causaron daño cuando era niño. Fue muy duro al principio. Dejar ir no es tarea fácil. Perdonarme a mí mismo y a los demás nunca fue sencillo. Ser amable y amoroso era un sentimiento extraño. El cambio estaba sucediendo. Risas y atisbos de felicidad se podían percibir; me estaba transformando ante mis propios ojos.

Hubo ocasiones en que, por un tiempo, carecía de lo más básico: mi relación no funcionaba, no tenía trabajo; tenía muy poco en el plano físico, apenas un lugar para vivir y una identidad de difícil clasificación social. Me la pasé solo la mayoría de las veces, pero estos fueron algunos de mis mejores momentos. En mi soledad encontré un poco de alivio, un poco de paz. Ya no me torturaba por el tiempo perdido o por los errores del pasado.

Este libro me representa a mí y a la libertad que he experimentado desde la divulgación de mi verdad. Lo escribí debido a una profunda insatisfacción dentro de mí, no conocía otra forma de liberarme sino compartiendo mi historia. Durante mucho tiempo, pensé en escribir sobre mi vida y, hace tres años, ese deseo explotó dentro de mí. Si bien este libro se presta para una buena y entretenida lectura, también contiene un mensaje. Espero que le saques tanto provecho como yo al escribirlo.

Hay muchas personas viviendo mí mismo estilo de vida y sufriendo con alguna forma de adicción: drogadictos que se adormecen para no tener que sentir nada, personas con baja autoestima y problemas de abandono, atrapadas en relaciones sólo por que buscan amor, sentirse queridas; víctimas de violación que terminan teniendo hijos a una edad muy temprana, lo que complica aún más sus vidas. Otros, que se mantienen en relaciones abusivas porque validan sus experiencias pasadas. Niños que experimentan abuso sexual, que crecen enojados y amargados, mientras que otros se han quitado la vida sin tener la oportunidad de liberarse de estos secretos profundos.

Este libro es para aquellos que se pueden identificar y están en peligro de cometer los mismos errores. Para ti que puedes cambiar, terminar con el sufrimiento para seguir adelante con la vida. La lucha es real y, aunque la rehabilitación puede parecer inalcanzable a veces, vale la pena el esfuerzo. Puede ser posible que no estés completamente listo para liberarte de tu dolor, pero tal vez, cuando el dolor sea mayor, me recordarás y elegirás la vida en lugar de la miseria.

Quiero compartir mi historia. Quiero usarla como una plataforma para dar esperanza y para dar una voz a todos aquellos que se han muerto con sus secretos. Quiero traer aceptación y amor, decir: "Puedes si quieres". Nada es imposible, no importa cuán sombrías puedan parecer las cosas, sueña y sigue luchando. No pongas excusas por el lugar en el que te encuentras en tu vida. Cambia tu forma de pensar para cambiar tu vida. No te aísles. No eres un bien venido a menos. Las posibilidades son infinitas si crees en ellas.

Algo, de lo que les aquí, podría sorprenderte. Ayudarte con tus sentimientos, tocarte en lo más profundo. Mi intención no es ofender, herir o provocar dolor. Pido disculpas de antemano si te

sorprendo o lastimo de alguna manera, porque esa no es mi
intención.

Este es mi libro, mi historia, mi vida ...

Tanto que se quedó sin decir, mientras vivía en este infierno, pero
por ahora, te dejo con …

CAPITULO 1

Lil-Man" (hombrecito)

El Puente de Brooklyn

Mi nombre es Pepe Santos. Oriundo del este de Nueva York y el segundo más joven entre siete hermanos. Por un tiempo, pasamos buenos momentos creciendo en Brooklyn. Si eras un niño en aquel entonces, Georgia Avenue era donde querías estar. Había casas de tres pisos junto con edificios de viviendas de cinco pisos. Pasábamos horas en las escaleras, por los pasillos intercambiando tarjetas de béisbol o jugando con trompos. De niños éramos atrevidos. Provocábamos la disminución de la velocidad de los autos o deteníamos el tráfico solo para pintar, con tiza, unas cajas en el medio de la calle. Pintábamos una serie de cuadrados del uno al doce y una caja en el centro con un número trece, llamada "The Scully". Esa era el área de penalización en la que no querías caer, a menos que pasaras por cada caja primero para convertirte en el Rey. Muchas veces jugamos a Scully hasta que nos perdíamos la cena. Había infinidad de juegos como: "Johnny-on-the-Pony", "Kick-The-Can", "Ringo-a-livio", "Stick-ball" y muchos otros. Las chicas tenían sus propios juegos, como saltar la cuerda, llamado "Doble holandés", o jugaban a la rayuela. A veces, ellas sólo nos veían jugar. Otras veces, íbamos a los edificios abandonados para saltar por la ventana de un segundo piso sobre unos colchones abandonados convenientemente puestos abajo. A medida que crecíamos un poco, los juegos se volvían más peligrosos.

Pasábamos de saltar sobre pilas de madera en Ridgewood a saltar por los tejados. Para escapar del mundo, pasábamos el día en las azoteas. Era algo maravilloso el estar en la cima del mundo sin más que el cielo sobre nosotros. Allá arriba soñábamos, contábamos historias y fantaseábamos sobre lo que queríamos ser de adultos. A veces, llenábamos globos con agua de la boca de incendio, los poníamos en una bolsa, los llevábamos al techo y los lanzábamos sobre las personas que pasaban por la calle. La mayoría de nosotros nunca abandonaba el bloque, por lo que la azotea se convirtió en nuestra playa para pasar el rato y broncearse, o simplemente observar desde esa altura todo el movimiento allá abajo en la calle. Muchos de los muchachos comenzaron a construir palomares y eso se convirtió en otro pasatiempo. El verano era el mejor momento para estar allí. La energía estaba en todas partes, y era como ser una flor en plena floración. Las calles eran nuestro patio de recreo desde el amanecer hasta la puesta del sol. Las proezas de la imaginación no se hacían esperar y no había otra estipulación en nuestros días excepto la de ser un niño y divertirse.

Una vez, vi una foto de uno de mis tíos en Puerto Rico. Posaba sobre un caballo y lucía un uniforme de policía en regalía completa. Solo lo conocí, una vez, antes de que muriera de cáncer, pero el sueño de mi infancia era convertirme en un policía como él. No se parecía en nada a mi padre discapacitado que perdió su negocio de tintorería en un incendio y desde entonces comenzó a beber todos los días. Desde entonces, Papi se quedaba en casa, hablaba solo y se entretenía escuchando música vieja en español. Él gobernó nuestro hogar con puño de hierro.

Mi madre era una mujer amorosa y muy devota. Era suave, amable y la mayoría de las veces muy callada. Ella siempre parecía estar escuchando y analizando cosas. Su forma de comunicación era con sus ojos. Todos sabíamos cuando ella no estaba de acuerdo con algo que estábamos haciendo. Aunque no hablaba mucho, siempre me decía que tenía un gran corazón y que debía seguirlo.

Ella siempre me decía la verdad y hablaba de Dios. Ella era muy protectora con sus cachorros. Dos o tres noches a la semana venía una camioneta a recogernos a todos y nos íbamos a la iglesia Pentecostal. Siempre pateaba y gritaba porque odiaba ir y escuchar todas esas canciones cristianas en español o la congregación gritar "Aleluya". Me enfermaba. Yo me sentaba allí, mal encarado y con los brazos cruzados sobre el pecho como si me estuviera muriendo. Preferiría haber estado en casa jugando con algunos juguetes o viendo dibujos animados. A veces me encontraba con otros niños que se sentían de igual manera y corríamos interrumpiendo el servicio. Esto siempre culminaba con un fuerte halón de oreja que me guiaba de vuelta a mi asiento. Mis otros hermanos me miraban como si fuera un retrasado. No sabía cómo quedarme quieto, pobre mamá. Tenía toda la paciencia del mundo, pero pude ver cómo la frustraba y la avergonzaba. Recuerdo al principio cómo mamá convencería a Papi para que fuera, esperando que Dios lo ayudara y dejara de beber. Papi siempre vestía con elegancia. Ataviado con traje y corbata y aunque a menudo sonreía, parecía tan aburrido como yo. Sólo lo hacía para complacer a mamá, pero para él el viaje siempre fue un fastidio. Las pocas veces que nos acompañó no pude moverme del asiento, y con un servicio de dos horas, era más fácil morir.

Papi retomó la rutina de despertar a mi madre en medio de la noche y hacerla cocinar para él. Todos ya sabíamos a dónde iba esto y nos ponía muy nerviosos. Él se enojaría y comenzaría a discutir con mamá y, regularmente, Se arrojaban platos contra la pared Pelearía con ella y se volvería físicamente abusivo. Al principio, todos nos despertábamos, pero mis hermanos se acostumbraron después de un tiempo. No sabía cómo podían ignorarlo, yo nunca pude. El ruido era demasiado fuerte en mi cabeza. Siempre terminaba saliendo de la cama para intervenir. Cada vez que golpeaba a mamá frente a mí, me agarraba de su pierna, y él me arrastraba tratando de deshacerse de mí, hasta que finalmente yo terminaba golpeado también. Esto sucedió tres o cuatro veces por semana durante años. Recuerdo los sentimientos de amargura, tristeza e ira… alzaba mi puño con ganas de golpear una pared. Le suplicamos a mamá que se fuera, pero no lo hizo. Ella era de la vieja escuela y por sobre todas las cosas, fiel a su compromiso de "hasta que la muerte nos separe". Muchos días sentí pena por ella. Cada vez que Papi bebía, ella temía por su seguridad y la nuestra. Yo intervenía para protegerla de sus arranques de violencia y recibí todas las palizas que pude soportar.

Ir a la escuela todos los días fue difícil. Siempre estaba cansado por los eventos de la noche anterior. No podía concentrarme en las pequeñas tareas escolares y mientras los niños jugaban yo sólo quería dormir. Mi maestra siempre me preguntaba: "¿Tienes problemas en casa?" Y yo le mentía diciendo: "No, maestra, estaba despierto viendo la televisión hasta muy tarde".

Durante las vacaciones de verano a mediados de los años 60 a pesar de mis objeciones, mi mamá me enviaba a la casa de mi tío en el alto Manhattan en la calle 177 para alejarme de todo lo que estaba presenciando. Allí, en la zona residencial de Manhattan, todos los edificios eran viviendas de cinco y seis pisos. Mi tío era muy bueno. Juntos construimos mi primera bicicleta con piezas usadas. Fue entonces cuando conocí a mi mejor amigo Renzo, que vivía a la vuelta de la esquina, también en un sótano. Nuestros edificios estaban de espaldas, y los separaba un callejón, al que llamamos "patio trasero. La mayoría de las veces nos veíamos ahí para jugar. El día que lo conocí, estaba de pie mirándome a mí y a mi tío trabajar, lo invité a ayudarnos con la bicicleta y, como él no tenía una, esta se convirtió en "nuestra" bicicleta. Ese verano los dos nos empleamos en el supermercado E&B de Broadway llenando las bolsas de compra a cambio de propinas. En ese tiempo fue cuando compartimos nuestro primer cigarrillo. La terminal de autobuses estaba directamente al otro lado de la calle y se convirtió en nuestro nuevo patio de recreo. Nos subíamos a las escaleras mecánicas y corríamos todo el día. Nos divertíamos un montón. Cuando terminó el verano me enviaron de regreso a casa. De alguna manera, siempre supe que lo volvería a ver, pero seguro que lo iba a extrañar.

Éramos una familia muy pobre que vivía del bienestar social. Recuerdo que siempre quise una fiesta de cumpleaños como los niños promedio, pero no puedo decir que alguna vez haya tenido una. De hecho, la única foto que tenía de niño era una foto de la escuela después de graduarme del jardín de infantes y mi hermana pequeña Cindy la rompió cuando era niña. Sobrevivimos comiendo el queso y la mantequilla de maní que nos daban en el centro comunitario. Después que Papi perdió la tintorería nunca volvió a trabajar.

Nuestro padre nos quitaba el sobrante de los pocos dólares de asistencia social para gastarlos en la licorería de la cuadra. Una botella de Imperial era su licor preferido para emborracharse. Los empleados lo conocían tan bien en la licorería que cuando no podía levantarse de la cama me llamaba y me enviaba a buscarle la botella. Yo a veces le diluía el licor con agua porque tenía miedo de lo que vendría, si se emborrachaba demasiado. En ocasiones se daba cuenta y preguntaba si le había hecho algo a su licor. Por supuesto que yo lo negaba.

Papi conocía a todos en el vecindario. Los mejores y más convenientes individuos con quienes codearse eran los dueños de las tiendas de comestibles. Ellos le daban crédito cuando no teníamos dinero y así, cuando mamá recibía su cheque de asistencia social, Papi compraba su licor, se emborrachaba y luego, le pagaba a Don Pacheco en la tienda de comestibles. Los domingos después de la cena era un día especial para nosotros como familia. Todos nos sentábamos a la mesa de la cocina a esperar que apareciera con un pastel de coco y una botella de leche. A mamá le encantaba el pastel de coco. Todos los domingos sin falta, Papi cumplía con el rito. Muchas veces nuestra factura se elevaría demasiado en la tienda, y yo escuchaba a Don Pacheco discutiendo con él sobre la nota. La tienda era nuestro salvavidas, y mamá hizo todo lo posible para salvar cara, pero Papi, bueno, necesitaba su botella.

Me avergonzaba ir a la escuela con las ropas heredadas de mis hermanos. Las zapatillas deportivas tenían que rellenarse con papel de periódico para que me quedaran y necesitaban de un pedazo de cartón para cubrir los agujeros en la suela. Mi madre intentó consolarme, porque siempre estaba enojado. Lloré mucho por la vergüenza, y los niños que se burlaban de mí en la escuela no me ayudaron. Odiaba la escuela debido a la humillación que sentía y comencé a pelear a una edad muy temprana. Mis maestros sabían la situación. Yo les caía bien y trataron de protegerme de todos los comentarios malos.

Mi maestra de segundo grado vino a visitarme a mi casa, una vez, porque estaba enfermo con las paperas. Ella trajo una guitarra y cantó para mí. Me enamoré instantáneamente por primera vez. Recuerdo haber llorado cuando me gradué de tercer grado porque ya no sería mi maestra. Quería quedarme en segundo grado para siempre. Mi corazón estaba roto.

Los momentos más placenteros y pacíficos que puedo recordar fueron las veces que mi madre me recogía de la escuela. Me tomaba de la mano, se sonreía con dulzura y tomábamos el camino largo a casa. Siempre supe lo que significaba esa sonrisa. A veces nos sentábamos en el parque a escuchar el canto de los pájaros. Esos sentimientos de felicidad siempre fueron de corta duración porque los dos sabíamos lo que nos esperaba una vez llegáramos a casa.

A veces mi papá estaba afuera en la calle después de beber demasiado y los muchachos de la cuadra lo desafiaban a hacer tonterías. Los entretenía haciendo estallar petardos entre los dedos y luego bebía un poco más para adormecer el dolor. Otras veces, los vecinos estarían afuera haciendo apuestas y esperando que él comenzara a tirar las cosas por la ventana en su rabia de borracho. En ocasiones, Papi se estaría sentando sobre un tablón con una caja de leche en cada extremo, porque se empeñaron los muebles de la casa hasta que mamá recibiera su cheque de bienestar. Todos en el vecindario nos conocían. Los ancianos sentían lástima por nosotros, mientras los jóvenes se reían. Para entretenerse, los adultos subían hasta la cuadra y en el sótano del superintendente en el 557 y nos ponían guantes de boxeo para pelear. Más tarde, las peleas se propagaron hasta la calle, durante los juegos, cuando había un desacuerdo o cuando los adolescentes nos animaban. Todos siempre querían ver una pelea.

Alrededor de los seis años fui abusado sexualmente en la casa de mi amigo, por su hermano mayor. Recuerdo pelear y llorar para que me dejara ir. Mi amigo no hizo nada para ayudarme. Pensé que tal vez él estaba experimentando el mismo abuso porque también parecía asustado, pero, aun así, ¡estaba tan enojado con él! Estaba a sólo una cuadra de casa, pero puedo recordar que fue la caminata más larga de la historia. En ningún momento levanté la vista, cabizbajo caminé a casa enfurecido y llorando, sintiendo que mi mundo acababa de romperse en un millón de pedazos. Me sentí impotente y humillado, lamentando haberme dejado poner en esa situación, culpándome todo el tiempo. Desde entonces, he vivido con el dolor de ese recuerdo. Tenía miedo de decírselo a alguien porque no sabía cómo hacerlo. Sobre todo, no pensé que me creerían. Confundido por las emociones que estaba experimentando, me encerré en mi pequeño mundo. Cada vez que surgía el recuerdo de ese momento, lo sepultaba en lo más profundo y con rabia negaba que alguna vez sucediera. Era una batalla constante en mi interior cada vez que revivía ese momento. Hice todo lo que se me ocurrió para ayudarme a olvidar, pero nada de lo que intenté dio resultado. Esa experiencia me persiguió y afectó toda mi vida. Mi espíritu se volvió oscuro y lleno de odio. La experiencia literalmente me destruyó mentalmente, mi vida entera fue cayendo por un abismo tan oscuro como el tono de lo que estaba por venir. Recuerdo haberme dicho a mí mismo "cuando sea mayor lo encontraré y lo mataré".

Algo dentro de mí había cambiado. Mi autoestima se desplomó y me sentí roto y avergonzado. Fue entonces cuando recuerdo haber usado la máscara por primera vez para ayudarme a ocultar ese "yo debilitado". Me protegía de la crueldad y castigos del mundo externo. No podía confiar en nadie y no dejaría entrar a nadie. Al principio usé la máscara para proteger mis emociones, pero luego también sería útil para aislarme de mi verdadero ser. Me sumergí en un mundo que creé y donde me sentía seguro y nadie podía lastimarme. A partir de entonces la máscara se convirtió en la norma. En el fondo, aún existía este temor inminente del que me escondía con aquella máscara, que se apretaba más y más, casi cincelada sobre las líneas de mi rostro. Ya era bastante difícil venir de la ciudad de Nueva York, donde todos tenían que mostrar algún tipo de dureza, pero tras morir espiritualmente y no importarme nada, ocultarme se volvió más fácil. Las experiencias fueron dolorosas, y continué bloqueando los recuerdos dolorosos usando la máscara a tiempo completo, mientras mantenía mis secretos enterrados.

Convencí a mi madre para que, durante el verano, me dejara quedar fuera un poco más tarde, para trabajar y poder ayudarla. Papi pensó que era una buena idea, así que me ayudó a construir una caja de lustrado de zapatos, me llevó a comprar las cosas que necesitaba y luego me enseñó a dar un buen brillo, estaba tan emocionado. Me estacioné en Livonia Avenue debajo del tren L y tomé mi primer trabajo. Limpié algunos zapatos e hice algo de dinero, luego me dirigí a casa, donde mi padre contó el dinero y se sirvió la mayor parte. Aprendí sus maneras y la próxima vez, antes de irme a casa, me aseguré de ir a la tienda judía, al otro lado de la calle, para comprar algunos pepinillos directamente del barril y hartármelos justo ahí. Hombre, ¡cómo me encantaban esos pepinillos! Después de un tiempo, ni siquiera le diría cuánto gané y tomaría todo ese dinero extra y lo agregaría a mi alcancía. Esta fue probablemente la primera vez que manipulé a mi padre a sabiendas.

Fue durante ese mismo verano, a la edad de siete años, que tuve mi primer encuentro sexual con una mujer. Ella tenía diecisiete años y vivía en la misma acera que yo en 557 Georgia

Avenue. Me llamó desde la ventana de su tercer piso para pedirme que la ayudara a limpiar la casa mientras sus padres estaban afuera. Subí con gusto y, en lugar de limpiar, ella se me acercó lentamente y me bajó los pantalones, estaba allí un poco nervioso y con una erección. Ella me tiró en el sofá y se aprovechó de mí. Recuerdo que me enamoré por segunda vez. Todos los días me paraba junto a su ventana esperando que ella me llamara de nuevo. Cuando llamó, fue para que uno de los chicos más grandes la ayudara. Nuevamente, estaba decepcionado y con el corazón roto.

No pasó mucho tiempo antes de que nos mudáramos a la sección Bushwick de Brooklyn en Madison Avenue. Todo parecía diferente del este de Nueva York, donde la mayoría de los edificios tenían cinco pisos. Aquí había edificios más pequeños, de sólo dos o tres pisos de altura, y todo el paisaje era diferente. Los árboles alineados a cada lado de la calle añadían belleza y una sensación de serenidad. Incluso el aire tenía cierto fresco olor a primavera.

Aunque una parte de mí estaba triste por mudarme y extrañar a mis amigos, también esperaba un nuevo y feliz comienzo en la vida. Mamá me inscribió en la escuela pública en P.S.106 en Wilson Avenue. Ya en cuarto grado, recuerdo haber escapado de clase para ir a la casa de un amigo mientras sus padres estaban fuera o en el trabajo, y besarnos con nuestras novias con los abrigos sobre nuestras cabezas. Todavía recuerdo el nombre de mi chica: Mimi. Ella era mi chica, es decir, hasta que su hermano mayor y su padre descubrieron que estaba faltando a clases y nunca más la volví a ver. La busqué en la escuela, visité su cuadra, pregunté por ella y nadie sabía nada. Simplemente desapareció y mi corazón se rompió por tercera vez. La escuela nunca fue igual sin ella y yo era el único del grupo sin una novia.

Cuando no salíamos de clase para estar con las chicas, nos escabullíamos en el tren a explorar diferentes secciones de Brooklyn. Un día, al cruzar a Bensonhurst fuimos perseguidos por un grupo de niños más grandes que nos llamaban "Spics y Niggers". Mientras caminábamos más rápido, comenzaron a perseguirnos. Mi corazón se aceleró al máximo sabiendo que debíamos huir con urgencia de allí. Corrí lo más rápido que pude, pero dos de nuestros muchachos fueron atrapados y golpeados. Me sentí horrible dejándolos, pero era una situación de sálvese quien pueda y había demasiados enemigos. Los observamos indefensos desde la distancia; cuando se cansaron de golpearlos y patearlos, los dejaron tendidos en el suelo sangrando. Volvimos nerviosamente para ayudarlos a salir de allí y nos dirigimos a casa. Estaba tan enojado como perplejo y dije: "¿Por qué harían esto?"

Entonces Curtis, uno de los dos chicos negros que nos acompañaban dijo: "Porque son blancos y nosotros no". Aquello no tenía ningún sentido para mí porque nunca consideré esa diferencia. Al día siguiente en la escuela, no pude evitar mirar a mi alrededor y darme cuenta de que no había gente blanca allí. De vuelta en el barrio me decidí a tomar nota de los blancos y me percaté de que podía contarlos con los dedos de mi mano, a pesar de que vivían todos los días como parte de nosotros. Tuvimos la misma experiencia cuando entramos en Ridgewood y un grupo de hombres blancos comenzó a gritar: "Ustedes negros, salgan de nuestra zona". Continuamos caminando y comenzaron a perseguirnos, pero esta vez no corrimos mucho antes de darnos la vuelta y comenzar a pelear. No podíamos quedarnos fuera de Ridgewood porque Bushwick estaba conectado y muy cerca de casa, pero cada vez que íbamos, era con más chicos. Bensonhurst fue otra historia: nos quedamos fuera de allí por completo. No pude entender por qué la gente odiaba a otros que no se parecen a ellos. Sabía que era hispano, pero para mí no fue una diferencia. El racismo y la segregación se volvieron muy reales y una parte de la vida cotidiana incluso en la edad adulta.

Las cosas se sentían mejor, pero justo cuando pensaba que todo iba a estar bien, Papi comenzó su mierda de nuevo. Estaba perdiendo la cabeza. Quería huir, pero no podía dejar sola a mi mamá; yo era su protector. Mi hermano mayor, Jimbo, se mudó a vivir con su verdadero padre que vino a buscarlo después de muchos años. Era la primera vez que lo conocía. Su padre tenía una tienda en Miller Avenue y mi hermano empezó a trabajar con él. Mamá estaba feliz por él, pero Papi estaba herido, enojado y celoso. Mi hermano siempre creyó que Papi era su padre y mi papá lo trató de la mejor manera. Por supuesto, nunca nadie sospechó que Papi no era su verdadero padre hasta entonces. Todos los meses, mi hermano nos traía víveres y regalos. Se sentía extraño no tenerlo en casa y, aunque estaba contento de verlo, se sentía raro también cuando lo visitaba. Su padre era un hombre muy agradable que dio la bienvenida a mi otro hermano mayor, Ed, y también le dio trabajo en su tienda.

Una vez tuve el valor de preguntarle a mi madre por qué dejó al padre de mi hermano para casarse con Papi. Su respuesta fue: "Entonces no te habría tenido". Mamá nunca compartió ninguno de sus sentimientos. Incluso cuando Papi la golpeaba, ella siempre decía: "Estoy bien". Intentó protegernos de su dolor. A pesar de que ella nunca se comunicó con nosotros o nos dijo "Te amo" a ninguno de nosotros, todos sabíamos que sí nos amó. Siempre se preocupó por nosotros, y me miraba a los ojos como si me estuviera leyendo. Estaba más preocupada por mí, tal vez sabía que estaba destinado a perderme.

Crecimos sabiendo todo, sin compartir nada. Todo era un secreto, y no se nos permitía hablar sobre lo que pasaba en casa. Aun así, sufría por la falta de amor y afecto. Estoy seguro de que mis hermanos se sentían de la misma forma. Yo no entendía esa sensación, pero la anhelaba como quiera. Busqué el amor en todos los lugares equivocados, con las personas equivocadas, por las razones equivocadas. Definitivamente vivía confundido. Pensé que se suponía que las madres debían proporcionar amor y afecto, y los padres proporcionarían orientación sobre cómo convertirse en un hombre. Quizás esperaba demasiado de mis padres.

Llegó un día en que Papi lastimó gravemente a mamá. Llamé a mi hermano mayor Jimbo y le dije. Mi hermano se apresuró en llegar a casa y se encontró con Papi en el sofá inconsciente de la borrachera. Jimbo se armó con un tubo de plomo y lo golpeó con rabia. Mi hermano le rompió el cráneo, un brazo y varias costillas. Lo echó de la casa y lo arrojó violentamente escaleras abajo. Me quedé allí mirando con desconcierto a mi padre tendido impotente en un charco de sangre. Realmente no quería que mi hermano lo lastimara. Casi sentí pena por Papi y mi primer instinto fue correr y ayudarlo a ponerse de pie, pero mi hermano me agarró del brazo para detenerme. Mi hermano le dijo: "Te mataré la próxima vez que pongas una mano sobre nuestra madre". Los policías vinieron y Papi les dijo que tropezó y cayó. Vi las lágrimas en los ojos de mi madre y comencé a sentir pena por ella también. Me dolió ver a Papi entrar a la ambulancia solo. Fue la primera vez que presencié tal violencia. Papi se relajó durante mucho tiempo después de eso. Aunque continuó bebiendo, las palizas se detuvieron. Se volvió un poco retraído. Cada vez que mi hermano visitaba, Papi sabía de antemano y salía de la casa hasta que mi hermano se marchara. Me sentí un poco triste por él, pero, desde entonces, me sentí más cómodo cuando dejaba a mamá y a mi hermanita Cindy a solas con él.

No pasó mucho tiempo antes de hacer nuevos amigos. Comenzamos a pasar el rato en Myrtle Avenue y Wyckoff donde el tren L pasa por encima de la calle. Era una zona concurrida con muchas tiendas y bares. Estaba poblada, mayormente, por familias de origen irlandés. Todos los días esperábamos a que el periódico llegara al puesto, pagábamos un centavo por cada uno de los ejemplares y nos dirigíamos a los pubs irlandeses y los vendíamos por veinticinco centavos. Durante toda la noche corríamos de un lado a otro hasta que se agotaban los periódicos del puesto. La mayoría de los hombres en el bar estaban borrachos. Nos veían como niños buenos y hasta nos daban propina. Poco sabían, no éramos tan amables. Nos aprovechábamos cuando estaban borrachos; mientras uno de nosotros los distraía, el otro agarraba el dinero del mostrador y salía del lugar a toda prisa. Luego iríamos a la pizzería italiana, comprábamos una rebanada con queso extra, o una siciliana, una cerveza sin alcohol y nos hartábamos a gusto. No había nada como un pedazo de pizza de Nueva York. Teníamos pizzerías por todas partes. Era la comida más barata y más abundante que teníamos a la mano. Nos divertíamos mucho haciendo dinero. Mamá siempre estaba preocupada, pero le aseguré que estaba bien y ella lo toleró, probablemente para mantenerme alejado de Papi.

Estaba ganando tanto dinero que comencé a comprar mi propia ropa y a ayudar a mamá a espaldas de Papi. A Papi no le importaba de dónde provenía el dinero, siempre y cuando le pasara su parte al entrar por la puerta. Nada más le importaba; pero ahora yo sabía cómo manejarlo. Llegaba a la casa ya muy tarde, si es que regresaba. Para entonces ya yo hacía lo que quería y cuando quería. Nadie podía controlarme y pensé que era un hombre. Incluso me llamé a mí mismo, "Lil-Man" (hombrecito). Este se convirtió en mi primer sobrenombre.

CAPITULO 2

Huele pega y rateros

Cada minuto fuera de la casa era un escape. Tenía nueve años y ya me sentía independiente. Papi y yo estábamos teniendo problemas. Las casas abandonadas en las avenidas Madison y Wilson se convirtieron en mi lugar de reunión. Era el mismo grupo que abandonaba regularmente la escuela: Ray, Teddy, la hermana de Teddy, Sally, Pauli, el pequeño Clyde, Curtis y yo. Todo comenzó con el pegamento "Prince", que usaba para armar modelos de automóviles o aviones en mi habitación. Aquel olor distintivo que me atrajo y me encontré con ganas de trabajar en los modelos sólo para abrir el tubo de pegamento que venía con él. Cada vez que tenía algo de dinero extra iba a comprar un nuevo modelo. Estaba haciendo esto tanto que a mis padres les pareció peculiar que pasara tanto tiempo encerrado en mi habitación. Después de compartir con los chicos, aprendí que la mayoría de ellos estaba haciendo lo mismo, por lo que pensamos que era una buena idea salir y comprar el pegamento sin el modelo. Vertíamos el pegamento en una pequeña bolsa de papel, apretábamos la parte superior y comenzábamos a olfatear en silencio hasta que nuestros oídos empezaban a zumbar y paulatinamente nos hundíamos en el olvido. Estábamos haciendo esto casi todos los días, muchas veces nos quedábamos allí por horas. Ese fue el tiempo que nos dio con robar en las tiendas, lo que nos ayudaba a continuar con nuestro nuevo hábito.

Papi y mi hermano Jimbo se reconciliaron y, a menudo, Papi lo llamaba para informarle lo que me estaba pasando. Si no eran mis hermanos los que a veces me arrastraban a casa, era la policía los que me traían. Cada vez que llegaba a casa enfrentaba un castigo brutal. Una vez, Papi sacó todos los muebles de la habitación, cerró la puerta y me hizo desnudar. Me obligó a arrodillarme sobre granos de arroz con las manos en alto y colocó un libro en cada mano. Cada vez que bajaba los brazos me golpeaba el trasero con un cable. Al escuchar mis gritos Mamá suplicaba a todo pulmón desde el otro lado de la puerta rogándole que se detuviera. Entonces me di cuenta de cuánto odiaba a mi papá y sabía que no pasaría mucho tiempo antes de que me fuera de esa casa para siempre.

Siempre fui un niño duro. Yo quería ser independiente. Un día de verano, mientras todos dormían, decidí huir. Me encaminé a los edificios abandonados donde solía oler pegamento. Había otros niños que ya se estaban quedando allí, ocupando una media cuadra de casas vacías de tres pisos que se conectaban unas con otras. Todos estábamos felices de vernos y nos dio consuelo estar juntos. Algunos dormían juntos y acurrucados en colchones usados, mientras otros dormían en el suelo o en sillas. Hicimos agujeros a través de las paredes para ir de casa en casa sin salir del edificio. En las escaleras, atamos cucharas con hilos de pesca para alertarnos cuando venía alguien y así tener tiempo de huir. Sólo salíamos en las noches a buscar comida o tomar un baño cada par de días en una boca de incendios o en la casa de un amigo, cuando sus padres estaban fuera. Esperábamos a que el camión de pan hiciera la entrega en el supermercado Bohack a las tres de la mañana. El conductor abría las puertas del supermercado y deslizaba las bandejas llenas de pan recién horneado y bizcochos. Una vez el conductor se retiraba, con un gancho de alambre halábamos las bandejas hasta alcanzar la mercancía. Sacábamos lo que podíamos a través del entramado de la verja y llenábamos nuestras bolsas. Ni una vez salí con un pastel entero, pero el tibio, fresco y oloroso pan italiano salía con facilidad y nos duraba unos días. Robábamos las botellas de leche de la puerta de casas particulares y partíamos el pastel y el pan con nuestras propias manos y lo devorábamos todo como lobos hambrientos. Otras veces, poníamos gomas en la parte inferior de nuestros pantalones, entrábamos al supermercado y llenábamos nuestros pantalones con comida mientras los demás montaban guardia.

Me quedé fuera por meses. Mi madre y mis hermanas me estaban buscando. Escuchaba como mi madre y mis hermanas gritaban mi nombre yendo de un edificio a otro. Me escondía detrás de la pared y miraba por la esquina de una ventana rota para poder verlas. Pude ver el dolor en los ojos de mamá y el dolor en su voz mientras estaba parada allí. Mi corazón se desgarraba mientras lloraba en silencio con ella. Recé para que se apurara y se fuera, porque el dolor de verla era demasiado intenso. Cuando se retiraba, finalmente, yo me dejaba caer al suelo y gritaba. Algunos de mis amigos vieron cómo se preocupaba por mí y cuánto estaba sufriendo, y me dijeron que debía volver a casa, pero yo no estaba listo para volver, en realidad la estaba pasando muy bien. Tampoco tenía ganas de ver a mi papá y lidiar con la paliza que me esperaba.

Todos los días, mamá hacía lo mismo. Ella sabía que yo estaba allí y cada vez me era más difícil de manejar. Una vez, mientras estaba fuera, me encontré con Cindy mi hermana pequeña. Le mostré dónde encontrarme, pero le supliqué que no le dijera a nadie. Ella comenzó a traerme bocadillos o algunas monedas que sacaba del bolsillo de Papi cuando estaba borracho. Ella cumplió su promesa y nunca le dijo a nadie. La amaba mucho. Siempre tuve la sensación de que algún día la estaría cuidando. Un día mamá volvió llorando y me llamó, pero esta vez se quedó más tiempo, aquel gesto hizo que mis amigos comenzaran a llorar y dijeran que deseaban que a sus padres les importara tanto. No pude soportar lastimarla más y al fin salí a su encuentro. Estaba sucio y asustado mientras caminaba hacia ella. Ella corrió y me agarró en sus brazos y ambos lloramos. Me tomó de la mano, como siempre lo hacía, y en silencio me condujo a casa.

Cuando regresé a casa, mi madre y mis hermanos le rogaron a Papi que me dejara en paz. Mamá me preparó un baño caliente, me dio de comer y luego, me acostó. Nada fue igual después de eso. Todo estaba en silencio. Se sentía extraño estar de vuelta en casa, como si ya no perteneciera allí. Recuerdo sentirme vacío. Era como si se hubiera roto algo en mi interior. Yo había cambiado. No me importaba lo que alguien tuviera que decir y, a menudo, desobedecía las reglas de Papi. Cuando me castigaba, me escabullía por la ventana y me quedaba fuera toda la noche. Por la mañana esperaba que alguien saliera del edificio y volvía a entrar.

Fingía que había salido temprano a tirar la basura, pero Papi siempre se enteraba y las cosas empeoraban. Las palizas me afectaban poco, solo aumentaban mi enojo. Una vez tuve la osadía de decirle que me golpeara más fuerte cuando ya me tenía de rodillas en una esquina de la habitación. Eso realmente le molestó y enfureció más azotándome inmisericorde, mientras yo toleraba el dolor, llorando y sintiendo cómo crecía mi odio con cada latigazo. Una vez lo interrumpí durante un juego de dominó que estaba perdiendo, así que me levantó del suelo y me azotó violentamente contra el suelo. Sus amigos sorprendidos y escandalizados acudieron en mi ayuda. Mamá, finalmente, tuvo suficiente y me envió de nuevo a vivir en otro sitio, esta vez con mi hermano mayor Jimbo, su nueva esposa Mary y sus dos hijos en Bedford Stuyvesant de Brooklyn.

Mary vivía directamente sobre nosotros cuando niños. La conocí mucho antes de que se convirtiera en la esposa de mi hermano. Había acogido a su hermana Nelly porque su padrastro abusó de ella por años. Nelly y yo nos hicimos buenos amigos. Cuando no me quedaba en la sala de su apartamento, dormía en la misma habitación que ella en una pequeña cama plegable. Éramos como hermanos. Su novio Ray y su hermano Larry vivían al otro lado del pasillo. Se convirtieron en mis mejores amigos.

Ray, Larry y yo siempre estábamos pasando el rato en el pasillo. Su madre me trataba bien, y dormí en su casa muchas noches. Ella sabía, por medio de sus hijos, que Mary nunca cocinaba y que me sentía incómodo viviendo allí. Mary estaba a dieta, por lo tanto, todos los demás también lo estaban. La madre de Ray y Larry era una gran cocinera y me alimentaba bien. Cuando se nos daba permiso, comenzamos a pasar el rato afuera. Yo me creía la gran cosa, así que no me gustaba tener que pedir permiso. Aunque yo era aún bastante joven, pedir permiso me hacía sentir como un niño pequeño; ya pensaba como una persona mayor, o eso creía. Odiaba seguir las reglas, pero lo hice por mi hermano y, además, era el miembro más reciente de su familia.

Estaba infeliz. Mi hermano trabajaba hasta tarde para cuidar a todos. Cuando volvía a casa, venía directamente a mí y me preguntaba cómo estaba. Nunca le diría la verdad. Él sabía muy poco de lo que estaba sucediendo en su casa. Mary estaba teniendo una aventura. Me sentía como una mierda por no decirle, pero ella me advirtió que no lo hiciera. Los hermanos de al lado eran mi único consuelo. Nos unimos al grupo de karate del nuevo novio de Mary. Se llamaba "Los hermanos Taekwondo". Practicamos Tae-kwon-do como si estuviéramos en una escuela de karate, pero no éramos más que una partida de incautos. Un día, en Highland Park, un grupo de blancos se topó con nosotros mientras practicábamos Tae-kwon-do y estalló una gran pelea. Teníamos nunchakus, así que les dimos una buena paliza. Cuando uno de ellos resultó muy mal herido y un grupo más grande vino a reforzarlos, nosotros abandonamos el lugar a toda prisa. Mary se asustó, le dijo a mi hermano y, una vez más, me enviaron a la casa de mi tío para terminar el verano.

George Washington Bridge

Tío

Mi tío Víctor se había mudado a la calle 163. Mi tío era el conserje del edificio. Vivía en un agradable apartamento en el sótano, que compartía con su esposa y un perro enorme llamado Lucky. El perro no confiaba en mí. Tampoco su esposa después de enterarse de algunas de las cosas que había hecho. Mi tío me mostró los alrededores y me dijo dónde estaba todo. Luego me llevó a la parte más alejada del sótano, me mostró una habitación, me dio una llave y me dijo que ese sería mi cuarto. Me informó a qué hora se servía el desayuno, el almuerzo y la cena, y que si yo no me presentaba a comer asumirían que no tenía hambre.

El Sótano

En la habitación había un camastro con sábanas, una manta, un escritorio y una pequeña nevera. Detrás de una pared había una pequeña habitación convertida en una ducha con un pequeño lavabo. Olía a moho y hormigón mojado. Se sentía frío y triste. En el momento en que entré allí no me gustó nada. Miré a mi tío y pensé, ¿en serio? Estoy seguro de que preferiría que estuviera con él, pero debido a que su esposa usaba los pantalones en la casa, no tuvo otra opción. Sabía que sentía pena por mí, pero quería lo mejor para mí e hizo lo que pudo para ayudarme a ser un hombre responsable.

Aquí estaba, diez años de edad, encerrado en un agujero de ratas para vivir. Me pasaban como una pelota de ping-pong y comencé a preguntarme si alguien realmente se preocupaba por mí. Estaba seguro de que mamá me amaba y quería lo mejor para mí, pero ella, realmente, no estaba tan al tanto del abandono que experimenté. Sus intenciones eran buenas y estoy seguro de que sólo quería protegerme de Papi. Lo vi en sus ojos cada vez que tenía que enviarme lejos. La amaba tanto, no quería lastimarla ni que compartiera mi dolor. Ella me puso al cuidado de otros miembros de la familia y pensó que estaba bien, pero nunca supo la verdad de cuán asustado y solitario me sentía. En cuanto a Papi, me preguntaba si alguna vez pensó en mí o si, tal vez, simplemente se sintió desesperado porque perdió el control de su pequeño hijo.

En casa de mi tío mi trabajo consistía en ir de piso a piso y recoger la basura que los inquilinos dejaban afuera de su puerta. Comenzaba en el piso superior todas las noches a las 8:00 pm con mis bolsas de lona y bajaría al vestíbulo usando las escaleras. Desde el vestíbulo, tomaba el ascensor hasta el sótano para tirar la basura en el basurero. Esas bolsas eran muy pesadas. No entendía por qué no podía bajar el ascensor por todos los pisos hasta el sótano, pero mi tío me dijo que no podía detener el ascensor para los residentes. Después de un día de entrenamiento, estaba solo.

Todas las noches me acostaba en la cama y miraba el techo, escuchando el sonido del elevador subiendo y bajando, el silbido de las tuberías de vapor sobre mi cabeza y el ruido de los ratones corriendo, lo que siempre me ha aterrorizado. Me acurrucaba en una esquina de la cama, con los brazos cruzados sobre el pecho, con miedo a moverme por las sombras en la pared, parecidas a personas, dentro de mi habitación. Allí había jodidos fantasmas. La mayoría de las noches, paseaba por Broadway hasta que me cansaba lo suficiente como para dormir sin temor a que las paredes se cerraran sobre mí. Cuando llegaba la hora del desayuno, mi tía me servía porciones pequeñas. A menudo, me quedaba con hambre. Mientras deambulaba por las calles, y aunque avergonzado, comencé a pedir limosna. Usaba el dinero para comprar un pedazo de pizza o un trozo de pastel en la tienda mientras robaba un poco más. Esperaba a las horas de cierre de los restaurantes cubanos y barría los pisos a cambio de un plato de comida. Me sentía tan jodidamente solo, y a nadie en el mundo le importaba un comino. Para alejarme de tanta miseria y antes de perder la cabeza por las noches, frecuentaba y me las buscaba en la calle 42, donde nadie dormía y las calles siempre estaban vivas. Me pararía junto a la tienda donde vendían salchichas, hamburguesas y Orange Julius directamente por la ventana y pedía dinero para comprar un perro caliente. Una vez, un hombre chino mayor de edad vino y me ofreció veinte dólares por llevarme al parque y jugar con mi polla durante diez minutos. Estaba desesperado y no sabía qué hacer, pero tenía que sobrevivir. Yo tomé el dinero y me paré disgustado, preguntándome: "¿Qué coño estoy haciendo? ¿A qué he venido?" Entonces arranqué a correr con el dinero dejándolo allí de rodillas. Después de conocer a algunos de los otros niños, cuando estos hombres se nos acercaban, los seguíamos al parque y le robábamos el dinero. Nos colábamos en el tren y nos íbamos a la fuente en Central Park, festejábamos un poco y luego nos tirábamos sobre el césped a dormir. Esto se convirtió en mi rutina junto a los otros niños que me acogieron como uno de los suyos.

Mi tío volvió a sus deberes nocturnos de fregar y recoger basura. Yo amaba a mi tío. Él me enseñó muchas cosas. A menudo me llevaba a pescar a City Island en el Bronx. Creo que lo hacía para alejarme de mi padre. Me enseñó a enganchar un gusano y se emocionó cuando atrapé mi primer pez. Aunque ya no trabajaba para él, mi tío continuó dándome dinero. Él era el hermano menor de mi madre y estaban muy unidos. Incluso obtuvo un permiso especial del ejército para estar allí el día mi nacimiento. Mis padres me nombraron en su honor y él me cuidó más que a mis otros hermanos. Tengo muchos buenos recuerdos de él.

Mis padres consiguieron un apartamento en el mismo edificio donde vivía mi tío en la calle 163 y Fort Washington. Era un apartamento de dos habitaciones donde viviríamos mi hermano Ed, mis hermanas Dee y Cindy, mamá, mi papá y yo. Era un apartamento muy pequeño, pero estaba feliz de salir del sótano. Dormía en la sala, la habitación más cercana a la de mis padres. A veces pensaba que era para que Papi pudiera vigilarme mejor. No podíamos hablar, reír o hacer nada sin que él escuchara y empezara a quejarse. Vivir con mis padres era peor que estar en prisión. Tenía un toque de queda y me trataban como a un niño de nuevo. Me estaba sofocando.

CAPITULO 3

El Pacto

Visitando La Yarda donde se formó el pacto

Yo a los 13

Fue durante la era del grafiti que conocí a Harry. Estaba en la calle 163 con algunos de los muchachos cuando él pasó caminando, ambos nos miramos y dijimos: "¿Qué pasa?"

Le dije: "Mi nombre es Pepe, ¿cómo te llamas?"

Él dijo: "Soy Harry". Nos dimos la mano y a partir de ese momento nos la pasábamos juntos casi todos los días. Nunca hablamos de nuestra vida familiar ni de nuestro dolor y sufrimiento. Me tomó mucho tiempo reconocer la razón por la cual nos juntamos. Era mejor para ambos dejar ciertas cosas sin decir, así que de inmediato sentimos la conexión. Nuestras vidas y experiencias eran idénticas. Donde quiera que él iba, allí estaba yo. Hacíamos todo juntos, íbamos juntos a todas partes y pronto ya era famoso fuera de la calle 163.

Harry era chévere y divertido al mismo tiempo. Caminaba con una confianza en sí mismo que me atraía. Conocido donde quiera que iba, era fácil hablar con él y a todos les caía super bien. Disfrutaba saliendo con él y no podía esperar a que se apareciera. Los demás chicos se ponían celosos cada vez que aparecía porque sabían que me iría con él.

Durante ese período, el grafiti era lo máximo. Harry me recogía en la 163 y caminábamos hasta la calle 169 en el patio de la escuela PS129. Harry estaba colaborando de lleno con el trabajo de un grupo local de artistas del grafiti. Yo mismo había hecho algo, pero mientras me concentraba en perseguir chicas, estos chicos eran unos grafiteros acérrimos; se metían a los patios del ferrocarril buscando los lugares más inverosímiles donde pintar sus grafitis. Henry decidió unirse a la United Graffiti Association (UGA) elevando lo que hacían a otro nivel, convirtiendo el grafiti en un arte. Los murales aparecían por todas partes e incluso comenzaron a vender pinturas. Muchos artistas talentosos y reconocidos hoy en día provienen de esa época. Se convirtió en un movimiento y en otra forma de mantenernos alejados de las calles.

Nunca confié en nadie a primera vista. Siempre me había resultado difícil hacerlo, pero con Harry sentí su sinceridad y bajé la guardia. Si teníamos hambre, comprábamos un pedazo de pizza y la dividíamos por la mitad. Hicimos esto con todo. Siempre nos respaldamos mutuamente. Un día, mientras fumábamos marihuana en un callejón en la 163, hicimos un pacto: prometimos que nunca nada nos apartaría y siempre nos cuidaríamos el uno al otro sin importar qué. Cuando alguien está dispuesto a dar su vida por ti, eso es amor. A partir de ese momento, sellamos nuestra amistad y nos convertimos en hermanos.

Me inscribí en la escuela secundaria Junior PS 143. Odiaba la escuela y hacía lo que fuera para escapar de clases. Acostumbraba pedir un pase para ir al baño dos o tres veces en cada período y me quedaba allí, junto con un grupo de otros niños, hasta que alguien viniera a buscarnos. No importaba lo que hiciera, seguía metiéndome en problemas. Realmente no vi nada malo en mi comportamiento, pero parecía que todos tenían un problema, excepto yo. Una vez, atacamos al operador del elevador de la estación del tren 1 en la calle 182 porque se estaba comportando como un idiota con nosotros, y todos fuimos arrestados. En el juzgado intentamos consultar entre nosotros para coordinar nuestra historia, pero nuestras familias no nos permitieron. El juez nos encontró culpables por un delito menor y nos dejó en libertad con la condición de que nos mantuviéramos alejados de esa estación y evitáramos todo contacto con el tipo. Esto nos la hacía difícil, porque era la estación más cercana a la escuela.

En aquella etapa, la escuela era prácticamente inexistente. Solo me presenté en el salón para registrarme porque me lo exigía mi libertad condicional. Harry y los otros chicos merodeaban por la escuela esperando que yo saliera para poder pasar el rato. Cuando nos perseguían los oficiales escolares o la policía, nos íbamos al metro a hacer grafitis. Todos los que cortábamos clase nos encontrábamos en el túnel de la calle 168. Chicos de la escuela intermedia 143, de la intermedia 52, de Edward W. Stitt, de la escuela superior George Washington, o Kennedy y de muchas otras, solían pasar el rato allí. Parecía que todos odiaban la escuela porque siempre se aparecía una gran multitud. Por lo general, éramos los mismos, por lo que todos nos conocíamos. Y a las chicas, bueno, les encantaba salir con un grupo de locos.

Cuando la policía nos sacaba de allí, nos dirigíamos al salón de billar en Van Cortlandt en el Bronx. Las peleas en el salón eran habituales y se convirtieron en una especie de entretenimiento para nosotros. Harry era el líder y, en gran medida, era un tipo serio con un lado muy violento. Pensé que era atrevido y un poco loco, y de alguna manera enfermo, me atrajo eso. Además, la gente lo respetaba y yo quería eso.

Una noche, al regresar del salón de billar, estábamos en el tren con algunas de las chicas bromeando y riendo; entrando y saliendo de las puertas del metro antes de que cerraran. Entonces, para impresionarlas, mientras estábamos en la estación de la calle 238, salté antes de que se cerraran las puertas cuando sentí que el tren comenzó a moverse y vi al conductor meter la cabeza. Mi amigo White Boy saltó conmigo sobre la pequeña cuña en la parte inferior de la puerta y nos colgamos de la parte superior. Me reía de las chicas, mientras colgaba del tren e intentaba etiquetar mi nombre. Era un día frío y nevado. Cuando solté una mano para comenzar a pintar, mi pie resbaló y terminé cayendo entre el tren en movimiento y la plataforma. Aterrado me aferré con fuerza para no ser arrastrado debajo del tren. Mi cuerpo raspó la plataforma que me arrancaba la ropa mientras el tren continuaba moviéndose. El miedo me venció. Miré hacia arriba, vi el final de la plataforma y visualicé mi cabeza corriendo a toda velocidad hacia el poste de luz. Muchos de los vagones ya habían pasado ese punto; mi vida pasaba en segundos ante mis ojos. Sabía que iba a morir, pero me aferré al tren con fuerza, rezando para que se detuviera a medida que el final se acercaba. Pensé, qué sería peor: soltarme y caer bajo las ruedas del tren para ser destrozado o estrellarme contra el poste, caer en la avenida y ser atropellado por los autos allá abajo.

Las chicas gritaban a alguien que apretara los frenos de emergencia. Justo antes del final de la plataforma, el tren se detuvo abruptamente. Mis piernas giraron hacia un lado y mi torso hacia el otro lado causando más daño. Sabía con certeza que había perdido las piernas. Con los brazos sangrando y la piel pelada casi hasta el hueso, pude salir con la ayuda de mi amigo White Boy que viajaba en el vagón detrás de mí. Estaba aterrorizado, pero me ayudó a salir justo antes de que yo me rindiera por completo al dolor. Tirado allí desnudo pude ver a través de las ventanas de las puertas cerradas la expresión en los rostros de las chicas: estaban horrorizadas, cuando grité de agonía. White Boy usó su nuevo abrigo de cachemir para cubrirme mientras esperaba la ambulancia. Tenía frío y la sangre que manaba de mis piernas lo hacía peor. Esperé tirado allí, en intenso dolor, pareció una eternidad hasta que llegó la ambulancia. Cuando llegaron trataron lo que pudieron y luego, me pusieron en la camilla. Bajar las escaleras con todos los rebotes fue espantoso.

Me llevaron de urgencia al Hospital Columbia Presbyterian. Me rompí algunos huesos y me rasgué el ochenta por ciento de los músculos de mis piernas. Dios estaba conmigo. Los médicos hablaron de la posibilidad de que nunca recuperara la sensación a plenitud, pero con terapia mejoraría y posiblemente volvería a caminar. Una mala decisión y así, en un instante, mi vida cambió drásticamente. Este fue uno de los momentos más aterradores de mi vida. Mis piernas estaban completamente adormecidas. Yo me empeñaba en seguir tocándolas, buscando cualquier sensación. Me deprimía mucho mi condición. Muchos pensamientos negativos pasaron por mi mente. Yo quería morir. No podía verme en una silla de ruedas. A menudo, me golpeaba las piernas sin sentir nada y lloraba. Fue un período difícil. Tuve que tomar una decisión antes de que la depresión terminara matándome. Decidí caminar de nuevo. Me estaba quedando en la casa de mi hermano Jimbo nuevamente. Ahora vivía cerca de mis padres en Manhattan. Todos los días mi mamá venía a verme. Me masajeaba las piernas y nunca dejaba de animarme diciéndome que no me diera por vencido porque en nombre de Dios iba a caminar nuevamente. Ella me ayudaba a salir de la silla de ruedas y a dejar mis muletas para practicar a caminar.

Mi lesión no impidió que los chicos se la pasaran en mi casa durante el horario escolar mientras mi hermano estaba en el trabajo. Cada vez que venían, tenía una bolsa en mi regazo, y todos soltaban un poco de hierba. Esta práctica me ayudó a sobrellevar los tiempos cuando estaba solo.

A través de muchos meses de rehabilitación y, gracias a la voluntad de Dios, pude volver a caminar. Llamé a mi madre por teléfono un día y comencé a gritar su nombre. Se apresuró y me encontró llorando en el piso de la sala. Ella me preguntó por lo que pasó. Levanté la vista y le dije: "Di unos pasos sin mis muletas".

Mamá me ayudó a ponerme de pie y lloramos juntos. A partir de ese momento, supe que volvería a caminar. Recuperé la sensación en mis piernas y poco a poco comencé a usar menos la silla de ruedas. Me esforcé cada día. Caminaba con mis muletas por el pasillo y me aferraba a la barandilla al subir y bajar las escaleras. Llegó el día en que ya no necesitaba muletas. A partir de entonces caminé a todas partes sin importarme cuán lejos o cuánto tiempo me llevara. Los trenes eran un juego para nosotros. Los usamos para entretenernos, andar entre los vagones, andar encima de ellos, colgados de las puertas y para hacer grafiti. Muchos chicos se mataban haciéndolo, pero eso no nos disuadía para nada. No fue hasta ese día, cuando miré a la muerte a la cara, que yo desarrollé un nuevo respeto por ella. Pasó mucho tiempo antes de volver a tomar el metro y, cuando lo hacía, siempre daba un paso gigante sobre la plataforma hacia el tren por miedo a caer en las vías. Esa fue la cosa más tonta que había hecho en toda mi vida y la última vez que intenté algo así.

CAPITULO 4

Las Pandillas

La década de los setenta fue una de cambios políticos y culturales en Estados Unidos. Movimientos como los Black Panthers y los Young Lords se destacaron entonces. Jóvenes inmigrantes que provenían de otros países, muchos niños del barrio –provenientes de hogares rotos, que quedaron sin supervisión o con poca orientación–, e incluso los puertorriqueños que se sintieron abandonados por un sistema fallido, todos salieron a las calles y se refugiaron uniéndose a las pandillas. Ser miembro de una pandilla significaba hermandad y protección. No todos los grupos eran malos. Algunas pandillas incluso sirvieron para proteger y ayudar a la comunidad del tráfico de drogas en los pasillos, o en la cuadra, cuando los niños regresaban de la escuela. Todos estábamos buscando una conexión entre nosotros y sentir el amor que algunos de nosotros no teníamos en casa. Nos daba una sensación de aceptación social y orgullo.

En ese momento, ninguna escuela me quería excepto la escuela intermedia PS 52. Me uní a una pandilla llamada los Red Devils (Diablos Rojos) y poco después me expulsaron de esa escuela también. Debido a mi edad, me saltaron de grado y llegué a la escuela superior George Washington a donde solo asistía para pasar el rato y comer "Sloppy Joes" durante la hora del almuerzo. Tan pronto cumplí dieciséis años y contra los deseos y los gritos de mi madre, le comuniqué mi deseo de abandonar la escuela.

Harry se convirtió en miembro de una pandilla llamada los Demonios Latinos. Tuve dificultades para entrar debido a mi corta edad. Tuve que hacer algunas cosas para probar mi valía. Con Harry de mi lado eventualmente lo hice. Me emocioné mucho cuando obtuve mis colores y me convertí en un Demonio. Harry ya se había convertido en el jefe militar. Éramos más como un club social que una pandilla. Fumábamos hierba, bebíamos cerveza y pasábamos el rato. Todo se reducía a las chicas y a disfrutar de nuestra casa club en un sótano recién decorado con luces rojas y azules. Nos divertíamos tocando canciones románticas y bailando con las chicas que amaban pasar el rato a nuestro alrededor.

Nuestra casa club era el lugar preferido. Algunos se enteraron y querían venir y ver qué estaba pasando. Todos contribuimos y ayudamos a embellecerla pintando, limpiando y trayendo cualquier mueble que pudiéramos encontrar. Colocamos carteles fluorescentes en cada pared para que, cuando la luz azul los golpeara, se iluminaran, al igual que nuestros dientes y cualquier atuendo de color blanco. Las luces eran especiales. Había algo en esas luces rojas y azules, y en la oscuridad, que nos hacía sentir bien.

Danny, uno de los miembros de nuestra pandilla, era artista y diseñó el logotipo de los Démonos con nuestros colores, que usamos con el nombre de nuestro club en la parte posterior de un chaleco de jean. También lo pintó en una pared y por muchas noches contemplamos el arte con orgullo.

El Logo de los Latín Demons

Aquellos que querían algo más con una chica irían a otra parte del sótano en secreto. A veces, había dos o tres parejas besándose mientras las cosas más serias se daban en el lugar más oscuro. No había muchas conversaciones durante nuestras reuniones, nos pasábamos escuchando música, bailando o viendo bailar a otros, mientras se fumaba hierba o bebíamos cerveza. Era como si estuviéramos congelados en el tiempo. Nadie quería salir a la luz del día, así que preferiríamos quedarnos allí para siempre.

Todos los grupos o pandillas del lado oeste hicieron lo mismo. Allí estaban los Santos en la calle 134, los Halcones en la 160, las Galaxias en la 163, nosotros en la 164, los Blue Demons en la 170, Brother Galaxies al norte y The Knights, junto con una o dos más. El lado este del Harlem Latino tenía a los Viceroys, Hell's Kitchen. En Manhattan estaban los Westies, una pandilla irlandesa, y por supuesto los italianos. Brooklyn tenía los Sucios, entre otros. El Bronx, nuestro barrio vecino, tenía lo mismo, solo que a mayor escala. Había 153 pandillas, más los clubes de motociclistas: el Bronx era una cosa de locos. Incluso hoy en día hay algunos que sobrevivieron y todavía están ahí, como los Nómadas Salvajes, los Cráneos Salvajes, las Espadas Negras y los Chingalings, que ahora son dueños de todo el edificio en la avenida Hughes en la sección de Crotona. Al principio todo era inocente: lo que estaba de moda, una forma de salir de las calles y tener un sentido de pertenencia. Allí nos conocíamos y socializábamos antes de toda la locura que vendría después.

Nuestras reuniones del club eran exclusivamente para los miembros. Hablábamos, a veces, sobre temas diversos, nuevos miembros, deberes y recaudábamos cuotas regulares para pagar el alquiler al conserje y para los gastos de nuestro club o lo que surgiera. A nadie le importaba hacer su parte porque teníamos el mejor club de todos, lo que hacía que otros se pusieran celosos. Después nos quedábamos, limpiábamos, jugábamos a las cartas, contábamos chistes y nos reíamos mucho. Fuimos felices allí, como hermanos unidos, divirtiéndonos mucho; sentíamos orgullo y pertenencia. Estábamos en el cielo y nada más importaba. No hace falta decir que mi novia de la infancia, Terry, y yo comenzamos a vernos cada vez menos.

Solíamos ir a Delancey y regatear por la ropa. Era la época de los zapatos Playboy, los tejidos, las alpacas, los pantalones de seda o de piel de tiburón, los sombreros de castor y los abrigos de cachemir. Era la época del amor. La época de grupos como Delfonics, The Moments, The Dells, The Whatnots, Blood Stone y Peaches & Herb. Asistíamos a todos los bailes de la escuela católica en Madre Cabrini, Encarnación, Santa Rosa de Lima y Sagrado Corazón de María, para estrujarnos, meter el muslo entre sus entrepiernas y hacer el 500 con las chicas. Las parejas se besaban detrás de las gradas, en los baños o afuera. Nos acurrucamos para cubrirnos para poder turnarnos con nuestras chicas sin que las monjas nos vieran. Cuando la fiesta terminaba y se encendían las luces, las monjas siempre terminaban escandalizadas. Éramos un grupo de adolescentes calientes, buscando más acción. Teníamos que cubrir nuestras erecciones cada vez que dejábamos la pista de baile. Eso fue en los viejos tiempos cuando éramos algo inocentes.

Robar dentro de automóviles y en las tiendas se había convertido en la norma. Mis amigos y yo fuimos arrestados en un puesto de frutas y verduras en Broadway. Tuvimos una pelea de comida e hicimos un desastre del lugar. Entramos en el distrito 34 con manchas de frutas y verduras por todas partes. Mi madre tuvo que recogerme. Ella no le dijo nada a Papi. Sabía que estaba decepcionada de mí porque me abofeteó frente a mis amigos y la policía. Todos los policías sonrieron; parecía que les gustaba eso.

Cuando fui ante el juez, me sentenció a detención de menores en Spofford. Después de un tiempo, me dieron una alternativa al centro de detención. Podría ir a la cárcel o ir a un hogar grupal. Elegí el hogar. Me enviaron a una casa en St. Laurence, en el Bronx. Me comporté muy bien mientras estaba allí. Obtuve un permiso y pude ir a casa para una visita.

Fue durante este tiempo que conocí a mi nueva novia Andrea cuando estaba en un pase de la casa grupal. Era bonita y parecía ser la chica más popular de la cuadra. Yo tenía catorce años, ella diecisiete y ya tenía un hijo pequeño. No estaba seguro de lo que vio en un perdedor como yo, además de mi buena apariencia. No tenía nada que ofrecer y mi vida no iba a ninguna parte. No tenía metas ni ambición y, en el fondo, sentía que terminaría en nada porque siempre estaba buscando la salida fácil. Entonces, allí estaba aquella chica mayor interesándose en mí. Así que decidí ir a dar un paseo y dejar a mi novia Terry por ella. No hubiera dejado a Terry, pero esta nueva chica era muy celosa y me dijo que tenía que elegir a una de las dos.

Siendo el único niño hispano en el hogar grupal, me sentía un poco incómodo. Salíamos en grupo al cine, a juegos de pelota y otros lugares. No me conecté con nadie allí. Me sentí demasiado adulto para salir con estos niños. La mayoría de ellos eran más jóvenes que yo. Los que tenían mi edad eran más recatados y no estaban en mi liga. Donde quiera que fuéramos, intentaba no ser visto con ellos porque estaba avergonzado. No me importaba participar en ninguna de las salidas. Me sentí encerrado allí, y pronto comencé a romper las reglas. Involucraba a los demás y nos escabullíamos por la noche, brincábamos la cerca para ir a nadar y pasar el rato. Comencé a traer hierba y puse a todos a fumar, incluso a los jóvenes que nunca la habían fumado antes. El personal se enteró de lo que estaba sucediendo porque uno de los niños me delató. Mi habitación fue registrada y me llamaron para interrogarme. Lo negué todo. Entró un nuevo niño y comenzó a hacer las mismas cosas que yo. Las cosas se salieron de control.

El Basement/Sótano del Club de Latin Demons

Estaba cansado de ser acusado por lo que hacían los demás, y después de algunos meses, decidí escapar. En medio de la noche, até algunas sábanas y salí por la ventana del segundo piso. Regresé a casa para ver a mi chica y salir con mis amigos. La policía me atrapó en la casa de un pariente y me remitieron a la detención de menores de Spofford para esperar mi próxima cita en la corte. Cuando fui nuevamente ante el juez, mi madre estaba allí. Ella le suplicó al juez, y él me puso bajo su custodia.

Al volver a la cuadra, Harry ya había estado con su chica por algún tiempo. Eran la pareja más popular de la ciudad. Donde quiera que él fuera, allí estaba ella. Era una chica dura y miembro de Hell-La- Fy Sisters, un capítulo de la pandilla Savage Nomads. Era una de las pandillas más grandes del Bronx. Realmente no tuvimos problemas con ninguna pandilla, aparte de los Black Spades, que atraparon a Harry en el Bronx portando sus colores y lo golpearon. En ese momento, todos respetaban el territorio del otro y trataban de no usar colores fuera del suyo. Sin embargo, atacaron a uno de nosotros y debíamos vengarnos. Siempre íbamos al Bronx a buscar Black Spades. No tenía nada que ver con ser negro, porque nosotros también éramos un grupo mixto, pero todo se trataba del principio, ¡siempre se trataba del principio! Cada vez que encontramos un miembro de los Spades, lo atacábamos y tomábamos sus colores. Más tarde, sin embargo, algunos de nosotros nos hicimos amigos.

"Jew Park" se convirtió en otro lugar de reunión. Lo llamamos el Parque Judío porque en ese momento solo los judíos vivían allí y nadie podía recordar el nombre real del parque. Estaba en la calle 173 y Fort Washington cerca del puente George Washington, justo al lado del tren A. Había judíos jasídicos con gorros y largas patillas. Estábamos bien viviendo juntos y, a veces, incluso los protegíamos de ser molestados o robados. Pero éramos un grupo ruidoso e intimidante, y, poco a poco, las familias dulces y tranquilas dejaron de visitar el parque, y tomamos el control. Nadie pasaba por allí si no queríamos que lo hicieran. Tenías que ser pacífico y respetar nuestro territorio. Nos sentábamos a cada lado de la entrada en la pared, a veces fumábamos hierba y, de este modo, controlábamos todo el movimiento dentro y fuera del parque, como si fuéramos los guardianes. La parte trasera del parque tenía una vista muy bonita del puente George Washington y por la noche era allí donde pasábamos el rato, entretenidos mirando las luces brillantes. Esos fueron algunos buenos recuerdos.

Mi novia Andrea y yo estábamos bien unidos. Ella salió embarazada, así que le supliqué a mi madre que nos dejara quedarnos en casa un tiempo. Ella estaba muy indecisa debido a mi papá y necesitaba hablarlo con él. A mis padres realmente no les gustaba la idea. Pensaban que era demasiado vieja para mí y que era demasiado pronto para tener un bebé porque apenas nos conocíamos. Mi madre intentó hablar conmigo sobre mis decisiones, pero no quise escucharla. Finalmente, nos dejaron quedarnos en la casa, con ciertas condiciones y solo por un tiempo limitado.

Con la ayuda de su tío, obtuvimos nuestro primer apartamento. Ella mantenía a la familia y comíamos gracias a sus cupones de comida. Ella incluso compró mi primer par de zapatos "Mush Melos" con su cheque de asistencia social. Casi todos los días comíamos carne en conserva con arroz blanco o "Chef Boyardee Spaghetti" en lata. Comencé a parecer un fideo de espagueti, pero no me quejé. Era mucho mejor que las muchas noches que no tenía nada para comer. Ahora sentía que estaba viviendo a lo grande. Ella me acogió como un niño precoz y me condujo a mi hombría.

Me salte mi juventud. Mientras ella estaba embarazada tuve que actuar como un hombre y ayudar a criar a su otro hijo que solo tenía dos años. Jugar a Ring-o-Levio, Johnny-on-the-Pony, Kick-the-Can y Stick-Ball cuando mi chica no estaba cerca. Ella decía: "Sólo los niños juegan eso" y que "tenía que ser un hombre ahora". Andrea fue buena conmigo. Hicimos lo mejor que se pudo con lo poco que teníamos, además tuve mi pequeño negocio vendiendo cigarrillos de marihuana por un dólar cada uno.

Nuestra casa se convirtió en el otro lugar de reunión. Fumábamos, usábamos coca, bebíamos, jugábamos a las cartas y escuchábamos música. Todos los días eran emocionantes, y casi todos los fines de semana mi ropa volaba por la ventana. Se convirtió en una broma entre los muchachos. Cuando esa mujer abría la boca para gritar mi nombre por la ventana los chicos decían: "Oh, oh, ahí va tu ropa otra vez". Nos teníamos mucho amor, pero carecíamos de la habilidad de comunicarnos. Siempre había un poco de drama. Siempre reaccioné a la ligera, sin pensar primero, y a ella no le importaba reaccionar de igual forma. Cuando Andrea abría la boca, se abrían las puertas del infierno. Cuando mi ira aumentaba, no sabía hacer más que gritar obscenidades e irme a la defensiva. Era una relación disfuncional, por decir lo menos.

Nunca puse mis manos sobre ella, pero hubo ocasiones en las que me vi tentado a hacerlo solo para cerrarle la boca. Me era difícil explicar cómo me sentía, lo que me frustraba muchísimo. Yo golpeaba las paredes cuando ya estaba harto de sus cosas o la agarraba con fuerza por los brazos y la sacudía cuando no paraba de hablar.

La responsabilidad de ser hombre cuando era solo un niño me pesaba mucho. No pasó mucho tiempo antes de que una falsa acusación nos separara. Me acerqué a la novia de Mick para un corte de pelo gratis; ella era estudiante de peluquería y necesitaba práctica, así que me usó para tener más experiencia, y me recortó. No fue nada más. Todos los chicos sabían a dónde fui. Cuando volví a casa, sabía que algo andaba mal. Todos callaron. Me acerqué a Andrea, y ella tenía esa mirada en la cara que podía matar. Ella me dijo que buscara otro lugar para vivir porque todo había terminado. Le rogué y le dije que no pasó nada. Le pedí que por favor me creyera, pero nada funcionó. Mi ropa volvió a volar por la ventana. Mick tampoco quería escuchar mis excusas. Recogí la poca ropa que pude y regresé a la casa de mamá. No me importaba, ya todo había terminado. Esa fue la primera vez que lamenté no haberlo hecho con la chica, ya que todo el mundo pensaba que si lo hice.

Unos días después fui a una fiesta en el club de The Knights y vi a Andrea bailando con Joey el hermano de Mick. Estaba usando a Joey para vengarse de mí. Joey bailaba muy pegado y se besaba con ella. Saqué mi cuchillo 007 para apuñalarlo; lo que causó mucha conmoción en la fiesta. Los Knights no lo tomaron como una señal de agresión, especialmente porque no fue con uno de sus muchachos. Además, sabían quién era ella y su relación conmigo. Respetaron eso, pero no me permitieron pelear en el club. Me llevaron afuera y me pidieron que me fuera; estaba furioso. El dolor de lo que presencié llenó mi mente de pensamientos de venganza. No podía comprender cómo ella podía actuar de esa manera, especialmente mientras cargaba a mi bebé.

Esa noche fui a la casa de Joey cerca de Jew Park armado con mi cuchillo, listo para apuñalarlo. Los vi salir juntos de un taxi. Comencé a avanzar con el cuchillo en la mano. Él se dio cuenta y comenzó a moverse más rápido a través del largo pasillo hacia el edificio. Traté de atacarlo con el cuchillo y usó a mi chica Andrea como escudo, ella rompió a gritar. Él dijo: "Lo juro, Pepe, no pasó nada. Se acabó". Él entró al edificio dejándola allí conmigo. La maldije de mil formas y la dejé allí llorando. Regresé a la casa de mi madre.

Papi estaba muy incómodo de tenerme de vuelta. Al día siguiente, entré en la calle 163 y vi a Joey jugando al balonmano y me le acerqué. Siguió disculpándose diciendo: "No pasó nada" y que todo había terminado. Lo golpeé en la cara con el puño y peleamos tres largos minutos y él me apaleó sin misericordia. No solo me lastimó físicamente, sino también emocionalmente. ¡Estaba humillado! La confianza se había ido y esto me aplastó.

Finalmente, seguimos adelante, y con el tiempo, eso fue todo. En cuanto a Mick, él siempre creyó que me acostaba con su chica, así que nuestra relación cambió para siempre. Mi novia y yo continuamos "yendo y viniendo"; sin embargo, nunca fui fiel después de eso. La amaba y ella me hizo mal. Mi corazón estaba roto y para entonces ya me había enfriado. Me volví cruel y descuidado.

Me cansé de la misma mierda una y otra vez. Sabía que no era feliz, pero para entonces había dado a luz a mi hijo Anthony, y aunque estaba orgulloso de ser padre, ahora me sentía atrapado. Amaba a mi hijo, era el bebé más hermoso al igual que su padre. Estaba orgulloso de él y toleraba un montón de basura para quedarme a su lado. Pero sabía que algún día me iría para siempre y la idea de dejarlo me estaba afectando.

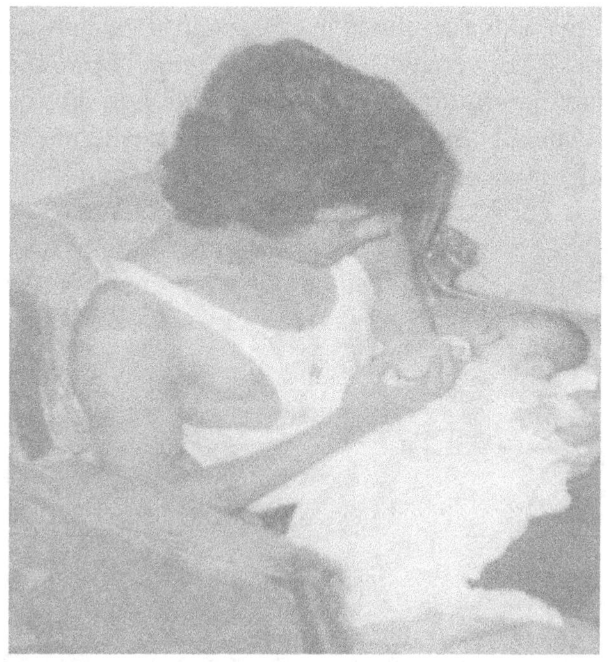

Yo con mi hijo

Una vez, Andrea tomó un cuchillo y me persiguió alrededor de la cuna de mi hijo para apuñalarme. Cuando ella me atrapó, en lugar de apuñalarme, se cortó ella misma y terminamos en el hospital. Era un ciclo malsano de peleas y reconciliaciones. Todo esto comenzó mal. Debí haber sido lo suficientemente sabio como para notar los signos antes, o escuchar a mi madre cuando intentaba decirme que estaba cometiendo un error.

Una noche, de la nada, nuestra casa club fue "violada". Alguien había entrado en nuestro único refugio seguro, nuestra casa club, y destruyó el lugar. Los muebles estaban rotos, los sofás estaban cortados y tiraron pintura sobre el hermoso logotipo de los Demons del que todos estábamos tan orgullosos. Debajo de nuestro logotipo estaba el nombre de los Knights. Nos desilusionó totalmente porque ellos eran nuestros aliados. Aunque el vínculo no era fuerte, había paz entre nosotros. Algunos de nosotros éramos amigos. Los veía todos los días camino a casa porque mis padres ahora vivían cerca de ellos. Tenían una hermosa casa club en el sótano en la esquina de la avenida Audubon. Frecuentemente, visitábamos la casa club de los otros grupos cuando teníamos fiestas. Estábamos conmocionados, enojados y confundidos. El problema con The Knights creció y al día siguiente decidimos vengarnos. No pudimos comprender cómo pudieron hacernos esto. Nos divertíamos, reíamos, bailábamos y bebíamos con ellos y esto es lo que hacen a un estras espaldas. Nunca esperábamos eso.

The Latin Demons en la 168 del Tren numero 1

Will, el presidente de los Latin Demons declaró la guerra, y Nick, el vicepresidente, decidió que era hora de moverse. Harry tomó la iniciativa. Queríamos una explicación de por qué entraron

y destrozaron nuestra casa club, especialmente cuando estábamos
seguros de que nos portamos super bien con ellos. Nos armamos
con cuchillos, bates y pistolas y nos dirigimos a la ciudad en
grupos separados. Era temprano en la tarde. Caminamos por la
avenida Amsterdam, donde había muchas tiendas de comestibles,
restaurantes y personas para que pudiéramos mezclarnos y no
llamar la atención. Luego, todos nos reunimos en un parque
cercano para reagruparnos y parecer más amenazantes tan pronto
nos enfrentáramos a The Knights.

El paisaje en The Heights era casi todo lo mismo; edificios
de cinco a seis pisos la mayoría con un callejón con rampa,
escaleras con rieles o puertas que bajaban al sótano en la parte
delantera de los edificios. Los sótanos eran grandes con muchas
habitaciones donde los conserjes habitualmente vivían, guardaban
herramientas, almacenaban la basura o alquilaban habitaciones.
Ellos nos alquilaban los locales para las casas club sin que el
propietario lo supiera, siempre y cuando mantuviéramos la calma y
nos alejáramos cuando llegaba el dueño. Utilizábamos estas
escaleras del callejón para entrar a nuestra casa club del sótano.

Doblamos la esquina hacia el bloque donde se encontraba la
casa club de los Knights. Todos estábamos muy serios y callados.
En nuestros rostros, una expresión de dureza, mezcla de ira y
miedo. Yo sentía el miedo y la ansiedad. Esta era la primera vez
que íbamos a la guerra como grupo. Estos tipos eran más grandes y
mayores que nosotros. Estaban más organizados y estoy seguro de
que tenían más y mejores armas, a diferencia de nuestro limitado
arsenal. Estaba aprensivo y asustado. Esperaba que estos tipos no
estuvieran allí y pudiéramos destruir su lugar e irnos rápidamente
sin incidentes. Cruzamos la calle y la mayoría de nosotros
estábamos ahora al tope de las escaleras listos para bajar a su club,
mientras que algunos se mantuvieron en la acera vigilando para no
ser emboscados. Justo cuando comenzamos a bajar corriendo la
larga escalera, algunos de sus muchachos estaban saliendo. Cuando
nos vieron, tenían esa expresión de sorpresa en sus rostros.

Aproximadamente tres pasos antes del nivel inferior, intentaron detenernos, gritaron fuerte y nos impidieron avanzar. Los sorprendimos; claramente no sabían lo que estaba pasando.

Preguntamos: "¿Qué pasó con nuestra casa club?", mientras avanzábamos. Todos estábamos gritando al mismo tiempo; superamos en número a los cuatro o cinco hombres que tenían. No pudieron detenernos mientras seguíamos bajando. Alguien lanzó un puñetazo y estalló la pelea. Cuando uno de ellos sacó un cuchillo, Harry sacó su daga en respuesta y apuñaló a su atacante. Escuché el grito y todos nos congelamos al mismo tiempo. Toda la lucha se detuvo. Era un sonido que nunca había escuchado antes; vimos al tipo caer al suelo. La sangre salpicaba por todas partes. Los tipos más cercanos a él tenían sangre en la cara y en toda la ropa.

Todos nos quedamos allí en estado de shock total cuando vimos al chico tomar su último suspiro de aire; su cuerpo se sacudió y luego, se quedó inmóvil. Vimos a sus amigos venir a ayudarlo, acunando su cabeza y gritando su nombre. Todos nos dispersamos fuera de allí. Corrimos, luego caminamos rápidamente en grupos de regreso al camino por donde llegamos, en total silencio y con un nuevo tipo de miedo recién pintado en nuestras caras. Todos estábamos asustados. Algunos se fueron a casa, mientras que otros decidieron que era mejor permanecer juntos y esconderse en un tejado de la calle 161. Esperamos allí durante horas y vimos todo el movimiento a continuación. Esa noche los Knights comenzaron a patrullar nuestra cuadra con largas gabardinas estilo militar. Todos sabían que cuando más de un tipo usaba ese tipo de chaqueta, están empacando algo grande debajo. El miedo estaba en el aire.

Ser miembro de los Latin Demons me dificultaba llegar a casa todos los días, desde que vivía en el territorio de los Knights. Cada vez, tenía que tomar el camino largo, cruzar callejones y trepar por los tejados para evitar a los Caballeros, pero eso no duró mucho. Llegó un momento en que a donde quiera que íbamos nos topábamos con uno de ellos. Muchas peleas tuvieron lugar. Las peleas estallaban en Broadway, saliendo del Teatro San Juan en el Audubon Ballroom donde Malcolm X fue asesinado, o en el parque de los judíos. A veces escogíamos dos luchadores y los mirábamos pelear solos a ellos. Las cosas progresaron: desde peleas a puñetazos, cuchillos y luego, hasta con pistolas. La situación se estaba saliendo de control y, definitivamente, fuera del alcance de quienes éramos. Para nosotros no se trataba de violencia; solo éramos adolescentes tratando de respaldarnos y cuidarnos mutuamente para pasar un buen rato en nuestra casa club.

Esta no era la forma en que habíamos imaginado las cosas. Aunque habíamos ido allí preparados para una pelea, no estábamos preparados para lo que realmente había sucedido con el apuñalamiento. Teníamos cuchillos y otras armas, pero en nuestra mente eran solo para protección. Como grupo, ni siquiera teníamos un arma. El apuñalamiento nunca estaba destinado a suceder, fue en defensa propia.

Después de eso, todo cambió. Muchos de los muchachos se mudaron a diferentes lugares: Pensilvania, Poconos, Nueva York y a varios distritos, mientras que otros se unieron al ejército. Los que se quedaron fueron arrestados, pero luego fueron liberados porque eran menores de edad. Nadie habló ni nos delató con la policía. Todos se cansaron de la lucha después de un tiempo. Finalmente, la animosidad entre nosotros en la calle perdió importancia. Pero, el incidente dejó un profundo impacto en todas nuestras vidas. Nadie volvió a ser el mismo. Sin lugar a dudas, todos aceptamos que se cometió un error. Sabíamos que nada sería igual. Ninguno de nosotros había experimentado algo de esa naturaleza o tan cercano. El miedo a lo desconocido creó un silencio entorpecedor, y la mayoría de nosotros aún cargaba ese gran peso en el corazón.

Para Harry, fue más duro. Vi cómo aquella muerte lo había cambiado más. Años más tarde, regresó a ese mismo lugar para encender una vela en honor al difunto. Eventualmente perdimos nuestra casa club, y eso por si solo fue devastador. Sabíamos que era el final de una era. Ya no teníamos un lugar para llamar nuestro y no podíamos reunirnos en el parque judío. Los buenos tiempos, como grupo, terminaron para nosotros y muchos no pudimos acostumbrarnos a eso. Otros tenían miedo de regresar, por temor a ser un blanco fácil para los Knights. Ya no era un lugar seguro para ninguno. Todo se había ido, en un abrir y cerrar de ojos.

Un día, algunos de nosotros corrimos el riesgo y volvimos allí por última vez. Nos paramos allí incrédulos, totalmente en silencio, con el corazón roto y con ganas de llorar. Recuerdo que me resistí y dije: "No tenemos que renunciar al club, podemos arreglarlo mejor que antes, y si vienen aquí, pelearemos". Aunque los demás entendían mi sentimiento, pensaron que estaba loco porque sabían el peligro en que podía ponernos. Supongo que era verdad, en realidad no éramos una pandilla y no valía la pena que alguien más muriera. Estaba enojado, e incluso intenté insultar a algunos de los chicos, queriendo que razonaran conmigo, pero vi la tristeza y el miedo en sus caras y decidí calmarme. Aunque difícil, ya era hora de dejar ir y seguir adelante. Para la mayoría de nosotros, esta fue una decisión muy difícil porque nuestro mundo se puso patas arriba. Ese evento fue totalmente inesperado y, por mucho que quisiéramos permanecer juntos, incluso sin un club, sabíamos en el fondo que The Latin Demons habían dejado de existir. Y para nuestra propia protección, no tuvimos más remedio que unir fuerzas con la pandilla más grande del barrio llamada The Galaxies. Es lo que siempre buscaban, como pronto descubrimos.

Las Galaxias eran una banda predominantemente dominicana del Alto West Side, directamente a la vuelta de la esquina de nosotros. Muchos de nuestros muchachos estaban descontentos y se resistieron a unirse a ellos. Aunque muchos de nosotros éramos amigos, simplemente no nos gustaban y no confiábamos en ellos. Siempre aparecían cuando menos los esperábamos, y eso nos hizo sentir incómodos. Los Demons que se unieron a ellos lo hicieron de mala gana. Ahora nos conocían como "Los Jóvenes Galaxias".

Meses después supimos que las Galaxias habían planeado esto todo el tiempo. Ellos fueron los que irrumpieron en nuestra casa club para que pudiéramos ir a la guerra con sus rivales, The Knights. Todo era parte de su plan para cooptarnos. Tenían una pista de que sabíamos algo, pero nunca dijeron nada. Muchos de nosotros nos disgustamos con esto y nos alejamos de Las Galaxias. Algunos hablamos de desquitarnos. Sin embargo, todos estábamos agotados. No nos quedaban suficientes hombres para un movimiento de poder contra ellos. Los que estaban alrededor no querían formar parte de él. Un tipo inocente ya murió por una tontería. Se derramó suficiente sangre. Era una píldora amarga de tragar, pero la aceptamos y seguimos adelante. Nadie volvió a hablar de eso. Fue una experiencia que dio forma a nuestras vidas, y fue empujada a la parte más lejana de nuestro banco de memoria. Todos se fueron en diferentes direcciones. Harry y Joey se alistaron en los Marines. Algunos quedaron atrapados vendiendo o usando drogas a lo grande. En este momento, en contra de la protesta de mamá, había salido de la escuela y estaba esperando hasta mi decimoséptimo cumpleaños para alistarme en la Infantería de Marina y seguir a mis hermanos que se unieron al ejército.

La madre de mi bebé y yo finalmente nos separamos. Terminé con todas las discusiones y me mudé de regreso a la casa de mis padres. Esta vez estaba seguro de que todo había terminado para siempre, y comencé a salir con alguien. Cuando Andrea se enteró, aunque no estábamos juntos, lo tomó como si la engañara, y todo el infierno se desató de nuevo, con más drama y duraría semanas. Continué pasando el rato en el bloque donde ella vivía frente a la antigua casa club. No podía estar lejos de mi hijo por mucho tiempo, así que siempre estaba allí. A donde quiera que iba, lo llevaba conmigo, aunque solo fuera para relajarse mientras ella hacía lo suyo. Siempre se me podía ver mirando en dirección a nuestra antigua casa club, recordando todos esos buenos viejos tiempos con los Demons.

Cuando mi viejo amigo Joey regresó a su casa del campo de entrenamiento, hablamos y aclaramos el tema de la madre de mi bebé, ahora ex novia. Todo fue perdonado y comenzamos a pasar el rato juntos. Los chicos pensaban que Joey era arrogante, pero las chicas lo amaban. Era alto, guapo, inteligente, musculoso, elegante y muy arrogante. Joey era emocionante, valiente, espontáneo y lleno de grandes ideas. Estaba estudiando para ser estilista. Comenzamos a asaltar gente en garajes subterráneos en Queens. Cada dos semanas teníamos un nuevo Cadillac robado. Luego comenzamos a robar en los salones de belleza que él conocía. Pensaba que tal vez lo habían despedido de allí o nunca lo contrataron o tal vez tuvo un mal corte de pelo. Sea lo que sea, nunca le pregunté ni me importó.

Era la era del disco. Eso era todo de lo que la gente hablaba. Los clubes se estaban abriendo por todos lados, desde discoteca hasta estilo libre y salsa como el Época, el Corso o el Club Broadway. Se trataba de vestirse, ponerse la mejor colonia y sentirse como John Travolta en "Saturday Night Fever". Cuando hacías esa entrada, querías que todos se dieran cuenta. En cuanto escuchabas la música, tus entrañas cobraban vida y tus pies y manos se movían al ritmo, te alejabas de cualquier mal momento o pensamiento que estabas teniendo. Era como comida para el alma y estar en el cielo. Las mujeres hacían lo suyo, tratando de superarse mutuamente por el mejor vestido mientras se pavoneaban de un lado a otro para ser vistas. Era como el concurso de los Oscar, pero al mejor bailarín; con todo el glamour.

De cinco a seis días a la semana, hacíamos un pequeño trabajo y luego nos dirigíamos al Bronx, al Hunts Point Palace, al Stardust Ballroom o al centro de los clubes, donde se daba toda la acción, en el corazón de la ciudad de Nueva York. Allí todas las naciones se unen para el disfrute de los teatros de Broadway, los restaurantes, el centro de la moda, o para comprar en el distrito de diamantes más grande del mundo, donde las luces de la ciudad brillan durante toda la noche. Ipanema, Roseland, The Grand Ballroom, Contiki Lounge, Red Parrot, Ruby Fruit, The Ice Palace, Studio 54, The Tunnel o Copa fueron algunos de los clubes más populares de Nueva York.

Las cosas estaban explotando y nosotros lo estábamos viviendo. Joey estaba saliendo con una de las bailarinas latinas del Ipanema. El Ipanema no solo era nuestro lugar favorito, sino que a veces nos metíamos gratis y podíamos sentarnos en una mesa sin ser acosados por los camareros que intentaban vendernos más bebidas, además de que Roseland Ballroom estaba directamente cruzando la calle en la calle 52, Boom Bamako en Broadway; el Con Tiki, Studio 54 y la mayoría de los otros clubes estaban a poca distancia. Saltábamos de un lado a otro en cualquier noche. La fiesta siempre estaba encendida, la atmósfera era electrizante.

El baile Hustle y el Freestyle eran la moda, luego el Hip Hop comenzó a aparecer en escena. Cuando llegaba a la pista de baile, estaba en otro mundo. Explotaba y me sentía libre, sin ninguna preocupación en el mundo y nada más importaba excepto ese momento. Todos hacían lo suyo y nadie te juzgaba, y, si lo hacían, no me importaba una mierda. Se trataba de liberarte y desestresarse. Todos, desde Manhattan, Brooklyn hasta el Bronx, estaban de fiesta: todo se trataba de los clubes, las chicas y la diversión.

Mi relación con Joey se hizo más fuerte. Juntos, conseguimos una habitación amueblada en la calle 187 de Audubon y nos mudamos. Estábamos ganando dinero, llegando a los clubes en autos recién robados, vistiendo a la moda y recogiendo a muchas mujeres. Nuestra pequeña habitación amueblada en The Heights siempre estaba ocupada. A veces Joey usaba la cama principal y yo usaba el suelo o viceversa. A las chicas no les importaba.

Una noche, en una fiesta en una casa en el Bronx entraron unos mozalbetes armados y robaron a todos en la fiesta. Se llevaron nuestro dinero, joyas y abrigos con nuestras armas en ellos. Estábamos enojados. Al día de hoy, me pregunto: ¿Cómo pudieron hacernos esto? Nosotros éramos los ladrones en esta historia. Salimos al frío, tarde en la noche sin dinero y con un largo camino de regreso a casa. Estábamos tan enojados y fríos que comenzamos a caminar en silencio. Las pocas bebidas que tomamos nos sostenían, mientras pensábamos en cómo llegar desde el Bronx a The Heights. Un hombre borracho salió de un automóvil y se metió a un edificio frente a nosotros. Nos miramos el uno al otro e instantáneamente supimos que era nuestra oportunidad. Nos movimos rápidamente detrás de él antes de que la puerta se cerrara. Lo agarramos y lo empujamos al suelo. Mientras luchamos con el hombre, él trató de alcanzar algo. Notamos que tenía una pistola. Pudimos quitársela y comenzamos a golpearlo con ella. Buscamos en sus bolsillos y encontramos una placa. El tipo era policía.

CAPITULO 5

Colegio de Gladiadores

Joey y yo teníamos miedo de que nos pillaran con una insignia, así que decidimos deshacernos de ella. Le limpié las huellas dactilares y luego la tiré a la basura. Guardamos el arma porque las armas no nos llegaban con facilidad y, además, la necesitábamos. La vida siguió como de costumbre, la fiesta, el drogarse y las mujeres. Vivíamos el sueño, o eso creíamos. Una noche, mientras Joey dormía en la cama con su cita y yo en el piso con la mía, llamaron a la puerta. Escuchamos: "La policía abre la puerta". Congelados por el miedo, solo podíamos mirarnos en silencio antes de que la puerta se derrumbara encima de mi cita y de mí.

Me llevaron a la central de reservas y me acusaron del intento de asesinato de un agente de policía con robo en primer grado. Fui procesado e interrogado durante horas. No estaba seguro de por qué solo me llevaron a mí, pero pronto supe que el policía solo podía identificarme. Normalmente no me meto con la policía, y cuando descubrí que era policía, ya era demasiado tarde. No entregué a Joey y me subieron al siguiente autobús a Rikers Island. Estaba en serios problemas. No sabía lo que iba a pasar, pero sabía que estaba aterrado. Si me declaraban culpable, iba a enfrentar mucho tiempo. Empecé a molestarme. La imagen de la cara de mi hijo seguía apareciendo; seguramente estaría esperando que fuera a verlo. Su pequeño corazón se rompería. Maldición, me dolía mucho. Me cagué de nuevo. La idea de estar en la cárcel me estaba matando. No sabía si podría soportar la mierda en la que me metí esta vez.

En el bullpen, hice flexiones para prepararme para lo que me esperaba en Rikers Island. Era conocida como la peor cárcel del país. La llaman la Escuela de Gladiadores. Había estado allí antes cuando me acusaron de un apuñalamiento durante la víspera de Navidad de 1975, pero me soltaron al día siguiente. Sin embargo, estaba asustado, pero tenía que fingir que no lo estaba. Necesitaba presentar la imagen de algún tipo duro, así que me puse esa máscara con la que estaba familiarizado. Llegué a Rikers

Island C-74, donde se llevan a todos los menores, y me quedé en el bullpen para ser procesado con un montón de otros chicos. Algunos estaban pateando drogas, cagando y vomitando por todo el lugar. El olor me daba nauseas. Elegí el rincón más alejado del baño y me senté allí. Fue una noche muy larga. Comimos un sándwich de mortadela, luego nos llevaron a una habitación trasera donde nos registraron. Después, nos llevaron a otra habitación trasera y nos lavaron con una manguera de alta presión antes de ir a un médico. El oficial de corrección (CO), gritó nuestros nombres y nos dijo dónde nos alojarían. En algún momento temprano en la mañana, nos llevaron al bloque de celdas en el edificio 5. Todo el proceso me agotó. En la cárcel podía escuchar todas las charlas y gritos de los prisioneros mientras caminaba por el bloque hasta el final del corredor donde estaría mi celda. Mantuve mi mirada al frente. El miedo me asfixiaba tanto. Pensé que me desmayaría. Me pusieron en una celda de un solo hombre. Cuando las puertas se cerraron detrás de mí me puse la sábana que me dieron en la boca y comencé a llorar. Estaba paranoico de que alguien escuchara, así que intenté callarme. Mi mundo se vino abajo y mi vida se puso patas arriba en un instante. Esa sensación de estar perdido volvió, solo que, esta vez, supe que estaría allí por mucho tiempo. La idea me petrificó. Todo y todos los que amaba pasaron por mi mente. Sentí un dolor familiar en lo profundo de mi alma. Esa noche no pude dormir.

Al día siguiente se abrió la puerta de mi celda y pude ducharme. Pensé que tal vez podría eliminar algo de este dolor. Mientras estaba en la ducha, escuché algo y levanté la vista para notar que la puerta eléctrica de la ducha se abría. Este tipo se entró y la cerró tras él. Me puse tenso e incómodo. Lo miré mientras se acercaba con su mano debajo de una toalla. Mi corazón comenzó a acelerarse. Sabía que algo malo estaba a punto de pasar. Cuando se acercó su mano se asomó por debajo de la toalla y pude ver el objeto brillante y afilado. Él dijo: "Date la vuelta y cállate". Me quedé allí aterrorizado mirándolo mientras él decía: "Daté la vuelta". Un destello de ser molestado cuando era un niño atravesó mi mente y el miedo y la ira explotaron dentro de mí. "Esto no va a suceder de nuevo", pensé, y esperé hasta que él se acercara, me abalancé sobre el objeto y agarré su mano con fuerza. Luchamos hasta caer. Su cabeza se estrelló contra el piso y pude quitarle el arma. Antes de perder el sentido del tiempo, recordé la cara del chico que una vez me molestó, me enojé y lo apuñalé una y otra vez. Cuando recuperé la conciencia había sangre por todas partes y él yacía inmóvil. Rápidamente me enjuagué la sangre, me vestí, me deslicé por la puerta y me dirigí a mi celda. Me senté en silencio atento a cualquier disturbio. Después de un rato, escuché la conmoción. La puerta de la ducha se abrió y lo encontraron en el suelo con el agua corriendo. Los médicos vinieron y se lo llevaron. Todos fueron dirigidos a sus celdas y cerraron las puertas. Me acosté en la cama esperando que se abriera esa puerta y me arrestaran nuevamente, solo que ahora por asesinato. Para mi sorpresa, no pasó nada, pero aún no estaba fuera de peligro. El CO tenía que saber que estaba allí porque la puerta de la ducha se cerró un minuto más o menos después de que entré. Otros también me habían visto entrar a la ducha, y estoy seguro de que alguien sabía lo que estaba haciendo, pero nadie me delató.

Al día siguiente, todas las puertas de la celda se abrieron para recreación, pero me quedé en mi celda. Tenía miedo de que algo sucediera. Pensamientos locos corrieron por mi mente. La única vez que salí ese día fue a comer. Al día siguiente salí y caminé hacia la habitación donde tenían el área recreativa. Busqué una esquina discreta y me quedé allí con la espalda contra la pared, vigilando todo lo que se movía, mientras algunos jugaban a las cartas y otros miraban la televisión. Luego vinieron algunos tipos y se me presentaron. A partir de ese momento comencé a relajarme. Se corrió la voz rápidamente por la cárcel. Donde quiera que iba la gente sabía quién era yo. Tuve respeto de la noche a la mañana y todos sabían que no debían joderme. Pero en el fondo, todavía tenía miedo, solo que ahora tenía que interpretar el papel que asumí y seguir usando la máscara. Mientras más personas escucharon sobre lo que hice, mejor fue para mí y menos tuve que demostrar. Mi preocupación era que los CO también se enteraran. Pero éramos prácticamente nosotros contra ellos y si alguien osaba delatarnos todos se enterarían e incluso bajo custodia protectora allí nadie estaba a salvo. Era una regla tácita que todos cumplían, el código. Me convertí en un rufián de un día para otro. Cada día me sentía más cómodo y seguro mientras continuaba usando esa máscara. Esta era la única forma en que un joven delgado y atractivo como yo iba a sobrevivir aquí. Habían pasado algunos días y se corrió la voz de que el tipo que apuñalé casi murió. Probablemente terminaría paralizado. Descubrí que era un traficante de drogas dominicano con poderosas conexiones familiares en The Heights. Aparentemente, debido a que era un pez grande en las calles, pensó que podría hacer ~~su~~ lo que le diera la gana en la cárcel. Mucha gente le tenía miedo. Él disfrutaba sodomizando a los recién llegados y continuamente se salía con la suya. En mi camino para comer, un día, recibí un mensaje escrito que decía: "Cuida tu espalda".

Debido a nuestra afiliación, una semana después mi amigo de la infancia Renzo también fue acusado del mismo delito que yo y estaba en otra parte de la cárcel. Se había convertido en el amor de la infancia de mi hermana pequeña, y ahora estaban casados y ella tenía algunos meses de embarazo. En nuestra próxima cita en la corte, sus cargos fueron retirados debido a la falta de evidencia. Estaba muy feliz por eso. Ahora podía cuidar a mi hermana y su próximo bebé. Mientras tanto, yo, para evitar más rencillas, pasaba más tiempo en mi celda. Fue entonces cuando leí mi primer libro a los diecisiete años. Se titulaba *Down These Mean Streets* por Piri Thomas. Recuerdo lo inspirado que me sentí, y considerándolo ahora, también fue cuando por primera vez supe que algún día escribiría mi historia. Luego leí *Run Baby Run* de Nicky Cruz. Su historia me fascinó. En ese momento quedó claro que tenía una oportunidad y que podía cambiar. La idea de escribir siempre estuvo en mi mente, pero debido a mi falta de educación y mi gramática débil, la idea no era más que una ilusión remota. Aunque esa idea perduró, con todos los obstáculos en mi vida, se convirtió en otra fantasía inútil. También, leí el libro *El mejor vendedor del mundo* de Og Mandino. Los rollos de instrucciones me inspiraron tanto que encontré una manera de hacer una copia para seguir el mensaje y poder tener éxito. Este libro me inició en mi viaje, me dio esperanza. Comencé a alterar mi pensamiento y, a partir de ese momento, intenté leer libros de autoayuda. Era la primera vez en mi vida que quería cambiar y ser mejor.

La mayoría de los reclusos se identificaron con las historias de Piri y Nicky porque eran chicos de la calle. Los libros escaseaban, así que cuando obteníamos un buen libro, lo compartíamos gustosos. A partir de entonces mi misión fue obtener y leer todos los libros de estos autores. No fueron fáciles de encontrar, y cuando lo hice, eran como el oro para los que les gustaba leer. Otros libros que me inspiraron fueron *Malcolm X, The Power of Now* de Eckhart Tolle, *Pulling Your Strings* del Dr. Wayne Dyer y *The Seat of The Soul* de Gary Zukav. Estos me ayudaron enormemente. Si no fuera por estos libros creo que me habría vuelto loco o probablemente quedaría atrapado en el drama de la cárcel y lo estaría haciendo de por vida. Se dio un cambio en mi pensamiento. Estaba empezando a sentir algo que nunca había sentido, como si se estuviera produciendo una transformación.

El volumen de entradas y salidas de esta cárcel era enorme. Al ver a los recién llegados caminando con la misma mirada que yo, pude sentir su miedo. Simpatizaba con ellos. Los demás reclusos repetían lo que se les hizo cuando entraron por primera vez. Era una especie de ritual, pero siempre que podía, me aseguraba de que nadie se metiera con los chicos nuevos. De alguna manera, asumí el papel de su protector. Por ahora, otros en la cárcel sabían de mí y todos me respetaban. Pero eso no detuvo todas las peleas que tuve con tipos que simplemente no les importaba para nada quien era. Las diferencias siempre ocurrían y eso no cambiaba nada. Todo era una prueba, un desafío para que el león más grande y feroz se impusiera sobre los demás. Muchas veces, le pedimos al CO que nos permitiera una pelea entre dos. No les importaba si nos matábamos, ellos disfrutaban viendo las peleas, era algo que rompía su rutina. Luché con mucha ira, ninguna pelea fue limpia. Gané en ocasiones y en otras no, pero demostré mi punto de vista: ibas a saber que alguien estaba parado frente a ti, lo que hizo que cualquiera lo pensara dos veces antes de retarme. No pasaba mucho sin mi conocimiento. En cierto modo era yo quien daba las ordenes donde estaba alojado. Algunos CO me hicieron pasar un mal rato cuando leyeron por qué estaba allí. A menudo se referían a mi como "el golpeador de policías". Tuve que aprender las reglas rápidamente para poder sobrevivir. Pero mi máscara permaneció en su sitio.

Todos pasaban el rato en la sala de recreación viendo a los nuevos reclusos entrar. Un día, tuve que mirar dos veces porque no podía creer lo que veía. Era Joey. Grité su nombre. Cuando levantó la vista y me vio, sonrió. No podía esperar a que llegara a su celda para poder ponernos al día. Le dije al CO que era mi hermano y me permitió verlo. Corrí hacia donde estaba y lo abracé. Me dijo que lo arrestaron haciendo algunas cosas para intentar rescatarme. No podría haber estado más feliz de ver a mi amigo aquí conmigo en lugar de en otra parte de la cárcel. Usé mi influencia para conseguir una celda para dos hombres y puse a Joey conmigo. De repente, cumplir con mi estadía allí se volvió un poco más fácil. Jugábamos ajedrez, dados, barajas, contábamos historias y recordábamos el pasado.

Joey se puso en forma ejercitándose a diario. Todos en la cárcel sabían que era como mi hermano, así que si te metías con uno te metías con el otro. Nos dio más poder y él era un buen luchador. Después de estar juntos un año Joey enfrentó al juez, fue sentenciado y enviado al norte del estado. Aunque estaba feliz de que él saliera de este agujero de mierda, una vez más la sensación familiar de estar solo y abandonado me invadió.

Estar encerrado de repente se volvió difícil de nuevo. Tenía un plan para escapar de la isla si no ganaba mi caso. Todos los días durante la recreación algunos de nosotros nos turnábamos para abrir una celda rota en la que nadie vivía, mientras otros vigilaban, y con algo de metal tratamos de romper la pared para escaparnos. Cuatro meses después, perdí un juicio por un cargo menor. En la siguiente cita en la corte, fui sentenciado a ocho años, más otros tres años para correr concurrentemente por el apuñalamiento de 1975, del que estaba en libertad bajo fianza. Me sentí derrotado. Estaba agotado emocional, espiritual y físicamente después de un mes en el juzgado, y no me quedaba nada de fuerzas para seguir peleando. Solo necesitaba un cambio y salir de allí. Cualquier lugar era mejor que Rikers, donde los días parecen meses, los meses parecen años y la rutina siempre es la misma. Me rendí al sistema para que hicieran conmigo lo que le diera la gana. Debido a que no obtuve la sentencia que esperaba cambié de opinión acerca de escapar y en un mes me enviaron al norte del estado. Después de pasar dieciocho meses en Rikers Island, también conocida como Gladiator School, estaba feliz de seguir adelante y tal vez ver a Joey de nuevo.

Un enorme autobús de la Greyhound esperaba para llevar un grupo de nosotros a la Penitenciaría Estatal de Elmira, también conocida como The Big House. Durante el viaje de doce horas, tuve nudos en el estómago. Aunque era mejor que los doce y medio a quince años que esperaba por los cargos más graves, el miedo a pasar los siguientes ocho años de mi vida detrás de esas paredes era abrumador. Parecía una vida sin fin. Simplemente no podía soportar la idea de todo este tiempo. Estaba seguro de que no saldría vivo de allí. Le dije al tipo esposado a mi lado: "Debería haber seguido el plan de escape mientras tuve la oportunidad". Más tarde supe que algunos de mis amigos murieron tratando de escapar. Los encontraron flotando. Se habían ahogado. La corriente subterránea en el East River es perversa y, al menos que fueras un buen nadador, las posibilidades de sobrevivir en sus aguas eran escasas. Yo no era un buen nadador, pero estaba dispuesto a arriesgarme en lugar de la miseria que enfrentaría en la cárcel. Pero pensé en mi hijo Anthony. Casi todos los tipos que lo intentaron nunca lograron salir del agua y los que lograron salir de la isla fueron capturados más tarde y ahora enfrentan nuevos cargos.

Mi espíritu era destrozado mientras me moría por dentro. Este oscuro sentimiento de soledad me venció y pensé que no sobreviviría. Mi dolor se convirtió en sufrimiento. Me iban a encerrar en una celda por lo que parecía una eternidad, y me perdería todo en la vida de mi hijo. Me puse ansioso, claustrofóbico y sentí que me estaba sofocando. A medida que nos acercamos a la prisión, revisé para ver si había una manera de escapar, sabiendo que esta fantasía era una pérdida de tiempo. Nos detuvimos ante la misteriosa prisión. Las paredes eran muy largas y altas. Había guardias armados dentro de garitas al tope de la pared. Sentí náuseas y el pelo en la parte posterior de mi cuello se erizó, la piel se me puso de gallina. Fuimos recibidos por "rednecks" de 300 libras gritando y asustando a la mayoría de nosotros. Entramos en el área de recepción y nos vimos obligados a ducharnos, afeitarnos la cabeza y todo el vello facial. Nos dijeron las reglas, nos dieron un libro de reglas y nos ordenaron a que lo aprendiéramos como el dorso de nuestra mano. Luego, nos dieron uniformes verdes de prisión con un número de identificación. Hasta hoy no he olvidado mi número "77B-1399". Es como si estuviera tatuado en mi maldito cerebro. Los CO no eran broma; no querían escuchar un pío de nosotros. Tenía que acostumbrarme a eso porque iba a estar allí por mucho tiempo, si terminaba sobreviviéndolo. Necesitaba salir de este síndrome de "pobre de mí". Tenía que poner todo en orden antes de perder la cabeza.

En el comedor, había algunos tipos que conocía. Mientras comían, grité uno de sus nombres e inmediatamente me metí en problemas. Me sacaron de la línea, me llevaron a mi celda y no tuve la oportunidad de comer. Supongo que tuve que aprender por las malas. Sin embargo, mucha gente me vio y se corrió la voz de que estaba allí. Tuve una infracción y tuve que ir ante un comité para determinar mi castigo. Me dieron un buen regaño y una severa advertencia. No era así como quería comenzar mi estancia. Durante los siguientes tres días estuve encerrado. Después de eso, cada vez que veía a alguien que conocía, simplemente asentíamos con la cabeza en reconocimiento. No fue hasta que fui transferido a la población, tres meses después, que vi a Joey nuevamente durante la recreación. Fue bueno estar de vuelta con él. Los dos estábamos muy felices. Todos los días esperábamos la recreación para poder pasar el rato. Encontró una manera de ser transferido a donde yo estaba. Jugábamos al ajedrez casi todas las noches de celda en celda llamando piezas.

Un día, mientras caminaba a través del bloque de honor, me encontré con mi primo Mambo. Sabía que estaba en el norte del estado, pero no sabía dónde. Hicimos todo lo posible para encontrar una manera de vernos. Estaba bien conectado ahora. Nos convertimos en "The Fosse Posse". Todos teníamos trabajos en diferentes áreas, por lo que conocíamos a mucha gente. Así, pudimos obtener desde huevos, carne, puñales caseros o enviar mensajes a otras partes de la cárcel. Teníamos escondites en toda la prisión en caso de que algo estallara; era solo el estilo de vida de la prisión.

Al principio en la prisión

A pesar de que tenía algo de influencia en la prisión, no quería sentirme demasiado cómodo allí. Mi pensamiento comenzó a cambiar. Sabía que poco a poco estaba madurando, entrando en mi hombría. Tenía la esperanza de que algún día estaría fuera de aquí y volvería a ver a mi hijo. Tenía miedo de meterme en problemas y pasar más tiempo del necesario aquí. Comencé a ver lo fácil que era joderlo todo. Había tantos perdedores aquí sin nada que hacer más que pasar el rato y hablar mierda. Los reclusos buscaban que todo acontecer se redujera a una forma de entretenimiento y distracción contra el dolor y la soledad de estar encerrado. No quería ser parte de eso por más tiempo. La mayoría de las veces me quedaba encerrado en mi celda leyendo un libro cuando sabía que alguna mierda estaba por acontecer. Hice todo lo posible para mantenerme limpio. Seguía motivado por los libros que leí. Estaba tan emocionado que incluso leía a otros reclusos que no sabían leer. Quería cambiar mi vida y sentí que podía hacerlo al menos liberando mi mente. Entré en la escuela para mi GED, y tomé varios entrenamientos en electricidad, impresión y contabilidad. Tenía hambre de aprender. Iba a aprovechar al máximo para poder reingresar a la sociedad como un hombre reformado. Esta vez quise hacer lo correcto.

Aunque los oficiales de corrección controlaban la prisión, había pandillas por todas partes, desde los Latin Kings, Ñetas, Bloods y Crips, hasta los Five Percenters y otros. Cuando algo pasaba, todos salían y siempre pasaba alguna mierda. Yo me llevaba bien con todos ellos. Algunos grupos no se consideraban una pandilla, pero para mí todos eran lo mismo.

Un día durante mi reclusión me llamaron para una visita. Me sorprendió ver a mi hijo con su madre sentada allí. Esta era la primera vez que lo veía desde que me encerraron. Había crecido mucho. Me sentí muy afectado y pensé que podría llorar, pero me contuve solo para que no viera mis lágrimas. Aunque había pasado mucho tiempo, parecía no haberme olvidado. Estaba tan feliz de ver su linda cara otra vez. Lo sostuve en mis brazos y lo cubrí de besos. Ella también se veía muy bien. Quería sostenerla en mis brazos y besarla también, pero traté de mantener la calma porque me sentía un poco incómodo. Hablamos de mi hijo y tomamos algunas fotos. Hacia el final, ella me dijo que estaría dispuesta a esperarme, pero solo con la condición de que nos casáramos.

Por mucho que quería tener a alguien que me esperara, respondí: "Si me esperas y permaneces fiel, me casaré contigo cuando salga". Ella respondió: "Si no nos casamos ahora, Pepe, puedes olvidarte de mí para siempre". Me mantuve firme a lo que dije, ella se levantó, tomó a mi hijo y salió de allí. Esa fue la última vez que la vi.

Estar separado de mi hijo Anthony me estaba matando. Pasaría mucho tiempo antes de que lo volviera a ver. Un día, le rogué a mi hermano Ed que lo encontrara y lo trajera a Elmira, si su madre lo permitía, para que pudiera verlo. Hice todo lo que pude para que no me olvidara. A medida que pasaron los años, ya no lo veía tanto. Fue demasiado difícil para todos hacer este largo viaje, no quería ser una carga para nadie, además me estaba quedando sin opciones. Lo único que podía hacer era escribir cartas, enviar fotos y tarjetas incluso por las razones más tontas. Nunca supe si le estaban llegando porque se mudaban muy seguido. Solo quería que nunca me olvidara. Me aferré a esos momentos con él cuando era un bebé: cómo cuando lo sostenía en mis brazos, lo lanzaba al aire para que se riera o cuando jugaba con sus pies, mientras estaba sentado en su cuna. Nunca supo todos los días que lloré y deseé abrazarlo, cuánto lo amaba realmente y que daría mi vida por él. Lo extrañé mucho.

Realmente estaba progresando mucho y estaba orgulloso de mí mismo. Comencé a ganar aceptación con todo. Me sentía a gusto y una paz vino sobre mí. El cambio se estaba volviendo obvio, hasta que llamé a casa un día y hablé con mi hermana Cindy. Ella me dijo que la madre de mi hijo se había fugado con su esposo Renzo, mi mejor amigo de la infancia. Me llevaba muy bien con él y no podía creer lo que estaba escuchando. Escuché a mi hermana llorar. Ella no quería decirme esto, pero la obligué a hacerlo. Me enfurecí y colgué el auricular. Mi corazón se hizo pedazos. Me dolió tanto por mi hermana como por mí. El odio y la venganza jugaron en mi mente durante mucho tiempo. Conocía a este tipo desde que teníamos seis o siete años. Desde entonces, hemos estado en la vida del otro. Confié y lo amé con todo mi corazón. ¿Cómo pudieron habernos hecho esto? Me sentí traicionado por los dos. Mi corazón sangró con un dolor interminable. Me sentí triste por los niños, especialmente por su hija, mi sobrina y mi hijo, quienes estoy seguro de que estaban confundidos acerca de si llamarse primos o hermanos y hermanas. Planeaba asesinarlos a ambos cuando saliera.

Se estaba volviendo difícil concentrarme, así que jugué mucho balonmano y otros deportes para ayudar a distraerme y no perder la cabeza por completo. La ira se hizo evidente en mi cara, todos se dieron cuenta y los prisioneros me dieron espacio. Uno sabía cuándo no bromear.

Pasaron unos años y me puse bien. Por el bien de mi hijo, finalmente, me rendí de querer matarlos a ambos. Me llevó mucho tiempo antes de que pudiera dejarlo pasar. Casi pierdo la cabeza y mi vida haciendo estupideces en la cárcel por mi ira. Me volví más atrevido, pero sufrí mucho luego. Ahora lo estaba dejando ir, liberándome.

Había estado en la Penitenciaría Estatal de Elmira durante casi un año y con los 18 meses en la Isla Rikers, ya eran 30 meses que llevaba adentro. En dos días, vendría a una audiencia de la junta de libertad condicional. Tenía veinte años. Aunque sabía que no iban a liberarme, ellos tenían que dejarme ir ante la junta debido al tipo de sentencia que cumplía. Una condena era lo que solo les daban a los menores por su primera pena carcelaria. Esperaba ser castigado con al menos 18 meses, pero aun así me preparé para sus preguntas. A medida que se acercaba el día, me puse ansioso, y cuando llegó, estaba muy nervioso. El caso de Joey también iba frente a la junta. Me consoló que él estuviera allí. Entré antes que él y según mi reunión supe que no me iría bien. Cuando salí, me preguntó cómo me fue y sacudí la cabeza. Fui escoltado de regreso a mi celda. Tuve que esperar a que llegara el correo por la noche. Cuando llegó la correspondencia y el guardia la puso en las barras, sonó pesada, como si hubiera algo más que papel en el sobre. Después de una pausa la alcancé, abrí la hoja de papel y decía: "Por la presente se le niega la libertad condicional y su próxima audiencia en la junta será en 36 meses". Una tristeza me invadió. Me quedé en silencio y quería llorar. Me enfurecí y comencé a tirar y a romper cosas.

Joey estaba por encima de mí, sabía que estaba mal, pero esperó hasta que recibió su correo y luego me preguntó: "¿Cuánto tiempo tienes?"

"Tres años más", le dije.

"Maldición", dijo.

"¿Y tú?", Le pregunté.

"Tengo una fecha de salida", dijo.

Nos quedamos en silencio por un rato. Los dos sabíamos lo que estábamos pensando, pero no los guardamos. Estaba triste por mí, pero feliz por él. Estaba enojado conmigo, pero alegre por él.

Pasamos tiempo juntos planeando su liberación. Prometió visitarme y cuidarme. Llegó su día y fue liberado. Lo eché de menos de inmediato y, nuevamente, me sentí abandonado. Al menos mi primo seguía allí para aliviar mi soledad, pero no era lo mismo. Joey fue como un mentor para mí y aprendí muchas cosas de él, estábamos unidos. Además, mi primo estaba en algún lugar del bloque de honor y Joey siempre estaba cerca.

Un día, durante la recreación, recibí otro mensaje para "cuidar mi espalda". Sabía que el problema con el dominicano me iba a seguir a todas partes. Le dije a algunos de mis muchachos, así que siempre estábamos en guardia. Caminando por el corredor en mi camino a la programación, me saltaron algunos tipos. Algunos de los colegas que me conocían salieron en mi defensa. Los CO vinieron y rompieron la pelea. Poco después, recibí un mensaje que decía: "Jodiste con el tipo equivocado y vas a morir". Le dije a mi primo Mambo, quien sería responsable si algo me sucediera.

Mi primo no era broma. Ya tenía su reputación. Había estado preso un tiempo por un caso de asesinato. Todos tenían mucho respeto por él dentro y fuera de la cárcel. En el exterior, se juntaba con unas grandes conexiones de heroína y se convirtió en un hombre de limpieza (sicario). Ofrecía sus servicios al mejor postor. Entonces, con los dos bien conectados aquí dentro, no estaba demasiado preocupado. Hubiera sido difícil para esos reclusos intentar algo. Además, el tipo no estaba en esta prisión. Necesitaba saber quién era este dominicano, cómo estaba conectado y con quién, en el caso de que alguna vez necesitara esa información.

Donde quiera que iba siempre me mantuve de espaldas a la pared. Se convirtió en la norma. Nunca estaba seguro de sí una de las personas de este tipo intentaría algo, así que fue más fácil para mí ver todo lo que sucedía y nadie podía escabullirse detrás de mí. Los que querían hablar conmigo venían a donde estaba. Quiero decir que aún podrían llegar a mí si querían. Trabajé en la sala de pesas, jugué al baloncesto y pasé el rato en la cancha de balonmano. Me senté con los negros, partí el pan con los italianos, salí con los colombianos, me llevaba bien con los mexicanos e incluso con la mayoría de los dominicanos porque crecí con ellos en The Heights. Todos sabían que defendía a los débiles. Necesitaban a alguien que les mostrara el camino antes de convertirse en la víctima de alguien. Es un juego de reclusos. Primero comienzan a cortejarte, pasando el rato contigo, como lo hacemos en el exterior con las chicas. Te dan cigarrillos, comida y dulces, y ahora les debes. Para entonces, la única forma de salir es ser su chica o ser hombre y luchar. Recordé lo indefenso que estaba cuando llegué aquí y nadie vino a rescatarme, así que me encargué de buscar a esos niños asustados e indefensos que todos querían usar para sus placeres personales o recreación. Ya era bastante difícil para ellos sin tener a alguien jodiendo con ellos. Así que, si llegabas a donde me alojaba y eras un bandido, te las tenías que ver conmigo. La mayoría de los tipos aquí me respetaron por eso.

Un día, uno de mis amigos dominicanos me dijo que alguien de otra pandilla había puesto un precio sobre mi cabeza y que estaba pagando bien. A partir de ese momento, se hizo difícil concentrarse. Siempre estaba mirando por encima de mi hombro. Mi espíritu estaba preocupado y me puse incómodo. Ya no quería salir de mi celda para divertirme, pero a veces tenía que hacerlo para no mostrar miedo. Tuve que ponerme esa máscara de nuevo. No estaba seguro de quién tomó el contrato. Podría ser cualquiera. Durante días, era en todo en lo que podía concentrarme. Estaba perdiendo la cabeza.

Había un pequeño grupo de tipos con los que una vez tuve alguna animosidad, así que pensé que el tipo podría provenir de allí. Mientras estaba en el patio, me armé con el cuchillo que había enterrado en el patio, se lo dije a mi gente y luego me acerqué a ellos. Uno de ellos reaccionó. Estalló una pelea y apuñalé a uno de ellos. Sentí un ardor. Alguien me había cortado con algo en el estómago y estaba sangrando. Los CO vinieron corriendo y yo me deshice de mi arma y me alejé. Puse presión sobre la herida para retrasar el sangrado para que los CO no se dieran cuenta. Todos fueron enviados de regreso a sus celdas. Temeroso de ir a la sala de enfermos y ser atrapado, traté la herida yo mismo. Nunca estaba seguro de dónde venía la amenaza, pero sentí que tenía que hacer algo al respecto.

Las cosas se desaceleraron un poco, pero todavía estaba preocupado. Necesitaba salir de este lugar antes de que alguien me matara o terminara con nuevas infracciones. Pedí ver a mi consejero, le dije que estaba teniendo problemas allí y solicité una transferencia. Un mes después, fui transferido. Me trasladaron de Clinton, Green Heaven a Comstock y terminé en Woodbourne Correctional, un centro de mediana seguridad.

Fue durante el final de la temporada de béisbol para los italianos y necesitaban desesperadamente alguien que jugara en la tercera base. Mario y yo nos conocíamos de nuestro tiempo en la cárcel, y se enteró que estaba allí. Me hizo una visita y me preguntó si quería jugar en su equipo de softbol y acepté. Esto me ayudó a dejar de pensar en la inquietante sensación que tenía por todos los traslados y movimientos, lo que me hizo dudar si incluso me quedaría allí. Yo era el único latino en el equipo, y ese año ganamos el título. En el periódico de la cárcel, me llamaron "Pepe Stone, la aspiradora humana en la 3ra base".

No había pasado más de un mes en esta nueva instalación cuando recibí la visita de mi hermano Mike. Me sorprendió ver a mis padres sentados allí. Mi madre parecía feliz de verme, y mi padre se puso nervioso con su traje, pero parecía triste. Se levantó para abrazarme mientras lo besaba en la mejilla. Nos sentamos y, tan pronto le pregunté cómo estaba, comenzó a llorar. Solo estuvo allí un minuto, se excusó y luego se fue. Mamá dijo que había estado triste al saber que su hijo estaba en la cárcel y que realmente no podía lidiar con eso demasiado bien. Nunca regresó y poco después la visita llegó a su fin. Nunca antes había visto llorar a Papi y eso me conmovió. Comprendí cómo se sentía.

Papi

Continué la escuela, obtuve mi GED y me inscribí en un programa universitario de Sullivan County Community College. Me dieron autorización externa y trabajé en el Programa de Horticultura. Aunque todavía era parte de la prisión, estaba fuera del edificio principal, sin las rejas y la basura que ocurría allí durante todo el día. Aunque no podía ver el mundo exterior, me sentía más libre. Fue un gran alivio. Estábamos en una colina rodeada de árboles. Podíamos cocinar las verduras que cultivábamos para la prisión o lo que sea que pudiéramos tener en nuestras manos. La idea de escapar cruzó por mi mente, pero rápidamente la descarté cuando me di cuenta de lo cerca que estaba de mi próxima audiencia de libertad condicional. Podría aguantar otros dos años hasta entonces, pero si me golpeaban otra vez, podría escapar de seguro. Me iba bien y tenía buenas notas. No está mal para un chico al que no le gustaba la escuela y no podía leer bien. Al menos encontré un poco de paz mental y todo mi pensamiento había cambiado. Me estaba preparando para mi próxima aparición ante la junta de libertad condicional.

A través de mi hermana Dee, recibí un mensaje de mi ex Terry y le pregunté si podía escribirle. Comenzamos a comunicarnos. Ella era consistente y todas las semanas esperaba sus cartas. Ella me enviaba paquetes y pronto comenzó a visitarme.

Mami y yo en mi graduación cuando Terry la trajo

Ella era un tipo especial de novia. Un día incluso me sorprendió y trajo a mamá para que me viera. Mamá la amaba. Para la siguiente visita, le pedí que trajera algo de hierba, y ella lo hizo. Ahora vivía muy bien en la cárcel, compraba lo que necesitaba y fumaba de maravilla. Nos divertimos mucho en la sala de visitas, principalmente tomados de la mano y dándonos besos furtivos, porque tuvo que entrar como si fuera mi hermana cuando me visitaba, antes de poder tener una visita conyugal. Eran cosas que teníamos que superar cuando estamos en la cárcel. Eran privilegios que solo les daban a prisioneros modelo sin infracciones, si estaban casados o con familiares. Seis meses después me aprobaron, y cuando llegó el día, estaba tan emocionado porque habían pasado tantos años de no estar con una mujer, sintiendo su toque en mi cuerpo, acostada desnuda. Aunque, salimos juntos antes, nunca tuvimos sexo. Ella era un achica al estilo antiguo, dulce y cariñosa. Una de las pocas chicas que respetaba. Ella estaba tan enamorada de mí. La dejé en ese entonces porque me atraían las chicas malas. Se trataba de sexo, y como ella no se dejaba, la lastimé. Recuerdo que todos los días ella caminaba dos millas desde donde vivía para venir a verme. Ninguno de los demás tipos se atrevió molestarla; no solo porque era mi chica, sino porque exigía respeto, estuviese yo allí o no, se comportaba como una dama y habría enorgullecido a cualquier hombre, pero a mí ... No pude ver eso entonces.

Ella estaba allí de vuelta en mi vida, compartiendo esto conmigo. Estuvimos juntos en la casa rodante por primera vez. La expectativa era muy alta y los dos estábamos tan nerviosos. Nos abrazamos y besamos, luego nos sentamos un rato y hablamos. Fue la primera vez que tuve una conversación profunda con una mujer donde la intención no era solo el sexo. Hablamos sobre nuestro pasado y cómo nos unimos nuevamente después de tantos años. Teníamos solo trece años, ahora éramos adultos. Nos acostamos en el sofá. Ella puso su cabeza sobre mi pecho, mientras yo pasaba mis dedos por su cabello. Le conté mis experiencias y todos mis errores. Ella se emocionó y comenzó a llorar por mi dolor. Era hora. Nos levantamos y fuimos a la cama. La tomé con gentileza, acariciando cada rincón de su cuerpo mientras hacíamos el amor. Para mi sorpresa, ella todavía era virgen. Hicimos lo mejor de nuestras treinta horas juntos mientras nos acostamos en la cama acariciándonos y abrazados. Cuando llegó el momento fue difícil dejarla ir.

Ella siguió visitando, y en nuestros próximos seis meses, nos aprobaron para otra visita conyugal. Esta vez le pedí que me trajera media onza de hierba. Ya estaba en la casa rodante, esperando y preguntándome qué estaba tomando tanto tiempo. Mirando por la ventana, viendo venir a todas las esposas y miembros de familia, hasta que ya no había movimiento, comencé a sentir ansiedad. Pensé: "¿Me abandonó en el último momento? ¿O tuvo un problema?"

Cuando vi a los CO caminando hacia el tráiler, supe la respuesta. Luego vino ese golpe que se hundió en mi corazón y se alojó en la boca de mi estómago. Abrí la puerta a regañadientes, extendí mis manos y me pusieron las esposas. Ella había sido arrestada y estaba detenida para investigación, y yo me dirigía directamente a Reclusión en Solitario.

Mi corazón estaba roto. ¿Que hice? Ella debe haber estado tan asustada. Solo podía imaginar lo que estaba pasando. Tal vez los guardias sospecharon que ella realmente no era mi hermana y decidieron mirar más de cerca. Afortunadamente, la dejaron ir, pero ya no se le permitió visitarme. Fue la última vez que la vi. Esa mierda me estaba matando. Estaba en mal estado. Debido a mi avaricia y egoísmo, la lastimé. Estaba de luto por la pérdida de no poder volver a verla. Yo era un desastre emocional. Volví a lamentar mis errores. Perdí lo único bueno en mi vida. Me sorprendió que no nos acusaran a ninguno de nosotros de un delito, pero estaba seguro de que pagaría el precio en mi próxima audiencia de libertad condicional.

Mientras estaba en confinamiento solitario, el CO vino a mi celda para decirme que mi familia llamó a las instalaciones con la noticia de que mi padre estaba muriendo. La noticia fue dura para mí: "Mi padre no puede morir, ¿por qué nadie me ha dicho que está enfermo?". Tuve la opción de visitar el hospital antes de la muerte o visitar la funeraria después de su muerte. Elegí verlo mientras aún estaba vivo. Lleno de emoción, me acosté en la cama mirando al techo recordando todo lo que él y yo habíamos pasado.

Al día siguiente me puse un traje y me llevaron al hospital de la ciudad de Nueva York. Fue un viaje largo. Recé para que mi padre viviera lo suficiente como para que lo viera despedirme. Llegamos al Hospital Columbia Presbyterian, a una cuadra de donde crecí y donde nacieron mis hijos. Mi familia ya estaba allí. Vieron los grilletes y no estaban seguros de si acercarse a mí o no, pero mientras seguía caminando hacia ellos, los guardias entendieron. Todos se juntaron para abrazarme. Se sintió bien verlos después de tanto tiempo. Me dieron un tiempo privado con ellos y fue entonces cuando me quitaron los grilletes. Me dieron todo el cariño que necesitaba. No estaban seguros de cómo me sentía al conocer la historia entre mi papá y yo. El doctor vino a hablar con nosotros. Nos dijo que no podían hacer nada más porque su hígado había estallado y ahora podría ser cuestión de días. La realidad dc que mi padre iba a morir me puso triste. No quería estar cerca de todo el llanto; quería ir a verlo de inmediato, solo. Los guardias me acompañaron hasta la entrada y me dejaron entrar. Era una sala grande con pacientes a cada lado de la pared y en el medio. Su cama estaba al otro lado de la pared izquierda. Caminé lentamente tratando de controlar mis emociones, me preocupaba cómo me recibiría si estuviera despierto.

Recuerdo que me detuve a mitad de camino cuando lo vi claramente, como si no estuviera seguro de qué hacer. Pensé: "Tal vez no fue una buena idea después de todo". Seguí caminando muy lento en un estado de confusión emocional. Llegué a la cama. Dormía pacíficamente.

Parado ante él, comencé a pensar en las pocas veces que fue bueno conmigo. Era un hombre alto y fuerte de 220 libras y ahora yacía aquí con aspecto frágil y listo para morir y yo no estaba listo para verlo partir. Había tanto que decir, tanto que hacer, demasiado joven para morir. Era la primera vez que lo veía lucir tan vulnerable. Extendí mi mano y la puse en su mejilla, cuando de repente abrió los ojos para mirarme.

Una lágrima rodó por su rostro y dijo en español: "Te estaba esperando para pedirte perdón".

Comencé a llorar incontrolablemente y le dije: "Siempre te amé, Papi, nunca me permitiste mostrártelo, pero te perdono y espero que puedas perdonarme por el dolor que te causé".

Él asintió con la cabeza y cerró los ojos. Dije mi último adiós y lloré todo el camino de regreso a mi familia que estaba allí esperando para abrazarme una vez más antes de regresar a la prisión.

Durante todo el viaje de regreso me senté en silencio con mis pensamientos. Estaba triste y ya extrañaba a mi papá. Me alegré de tener esa oportunidad de verlo por última vez y perdonarlo, pero ahora nunca lo volvería a ver. En ese momento, realmente sentí su amor venir sobre mí, y borré todo lo que él me hizo. Solo deseaba que pudiera sostenerme en sus brazos y amarme solo una vez. Quería que acariciara a su pequeño niño asegurándole que todo iba a estar bien. Lo iba a extrañar.

Regresé a la cárcel y fui escoltado de vuelta a la celda de aislamiento para completar el tiempo restante de mi castigo. Tarde esa noche, recibí la noticia: mi padre había muerto. Golpeé el piso y lloré como un bebé.

La estancia en solitario fue difícil, pero finalmente lo logré. Estaba listo para volver a la normalidad. Los muchachos se alegraron de que volviera, pero tan pronto como vi a ciertas personas, toda la alegría de estar de vuelta en la población desapareció. Todavía no podía librarme del problema con este tipo. Necesitaba mantener la guardia en alto. Era como un peso que cargaba sobre mis hombros a todas partes: en el gimnasio, jugando a la pelota, mirando televisión, cocinando o estudiando. Todo era mentalmente fatigante. Seguí vigilante y pegado contra la pared para que nadie pudiera atacarme por la espalda. Pero si querían la guerra, estaba listo para pelear.

Seis meses después de terminar el programa universitario con treinta y dos créditos, estaba programado para ir frente a la junta de libertad condicional por segunda vez. La noche anterior estaba ansioso y no pude dormir. Estaba seguro de que mi salida volvería a ser denegada porque consideraban que mi crimen era demasiado atroz. De cualquier manera, aunque añoraba la libertad, esta vez realmente no importaba. No había mucho más que pudieran hacerme. No estaba lejos de cumplir dos tercios de mi tiempo y, por ley, no podían retenerme, a menos que, por supuesto, cogiera un nuevo cargo.

Independientemente de lo que me dije, todavía estaba nervioso. Me aseé lo mejor posible para causar una buena impresión. Me senté al lado de los otros 25 o 30 tipos que esperaban ser llamados. Traté de no mostrar miedo junto a los otros reclusos, pero mientras estaba sentado, mi cabello ya estaba empapado en sudor. Todos callaban, todo lo que podía escuchar eran los sonidos de los corazones latiendo y las esperanzas acumuladas. Estaba tenso y mis rodillas no podían dejar de temblar. Vi a los muchachos delante de mí salir de la oficina de la junta con caras tristes y me dije en silencio: "Mierda, estoy condenado". Finalmente, mi nombre fue llamado y mis rodillas casi me traicionaron cuando comencé a caminar. Me dijeron que tomara asiento, comenzaron a leer mis cargos y mi registro de la cárcel. Me senté allí tratando de relajarme y no preocuparme por el resultado. Aquí, una vez más, fui juzgado por tres personas que tenían la llave de mi libertad.

Me preguntaron: "¿Por qué deberíamos dejarte ir?"

Respondí: "Sé que cometí un crimen horrible. Yo era un adolescente sin sentido ni dirección. Vine aquí como un niño, y ahora soy un hombre. Aprendí algunas cosas sobre mí desde que me encerraron. El dolor de estar encarcelado fue un rudo despertar, y he logrado muchas cosas para ayudar a cambiar mi vida y convertirme en un miembro productivo de la sociedad. Sin embargo, si creen que debo continuar con mi castigo, entiendo y no estaré amargado. Terminaré mi tiempo porque no hay nada más que pueda hacer que no se haya hecho".

Me despidieron. Los chicos que esperaban su turno me miraron, como yo había hecho con todos los demás que salieron antes; y fingí ser duro, cuando en realidad casi me estaba cagando en los pantalones. Fui escoltado de regreso a mi celda donde esperé ansioso el correo de esa noche. El CO colocó un sobre en las barras. Me senté allí durante unos 15 minutos mirándolo. Luego me levanté y lo agarré. Me recosté en mi cama sosteniendo el sobre con ambas manos, temeroso del rechazo, pero esperando mi libertad. Le pedí a Dios su voluntad y confié en que aceptaría el resultado si él sentía que no estaba listo. Abrí la carta lentamente. Decía: "Se te ha concedido la libertad". Me emocioné mucho y caí de rodillas. Lloré, agradeciendo a Dios. Finalmente, después de seis largos años, iba a ser un hombre libre.

Unos días antes de salir

CAPITULO 6

Mis hijos

Esperé ansioso por mi fecha de liberación. La espera de dos meses, de repente se sentía como una eternidad. Estaba haciendo planes para todo lo que necesitaba y quería hacer. Ya no quería salir de mi celda por temor a que algo sucediera y me hiciera perder mi salida. Tampoco compartí mi fecha de liberación con nadie porque había muchas personas que realmente no necesitaban saberlo. Y con tantos individuos celosos, era demasiado fácil que hicieran algo que me retuviera allí. Tenía muchos enemigos. Sentí más y más expectación a medida que se acercaba la fecha. Simplemente no estaba llegando lo suficientemente rápido, y necesitaba ocupar mi mente. Sin embargo, no pude concentrarme o pensar en otra cosa.

La fecha finalmente llegó. Era principios del verano de 1981 y ¡me iba a casa! Me sentí vivo y feliz. Me esforcé por contener mi emoción mientras los muchachos se estaban despidiendo. De repente alguien gritó: "Ese contrato todavía te sigue". Normalmente, el pensar en ese tipo de amenaza me consumiría por completo, pero lo único en mi mente era salir de allí y encontrar a mi hijo No iba a dejar que una amenaza como esa arruinara el día que había estado esperando. Ya habría tiempo de sobra para pensar en eso más tarde. Las enormes puertas de hierro se abrieron. Sentía ganas de atravesarlas, pero contuve mi emoción. Cuando se cerraron detrás de mí, me quedé allí por unos minutos, respiré hondo – ¡Ah! así es como huele la libertad. Me puse de rodillas, besé el suelo y le agradecí a Dios. Me levanté, tomé la chaqueta de poliéster de mi traje y la lancé al aire y me dirigí a la estación de tren. Me senté en silencio, completamente asombrado, mirando por la ventana absorbiendo todo lo que vi y extrañé. Todo parecía tan fresco y colorido, y la sonrisa en mi rostro decía muchas palabras.

Llegué al terminal de autobuses de la Autoridad Portuaria de la Ciudad de Nueva York con $40 en mi bolsillo. Me imaginé el día de regreso y allí estaba. Caminé arriba y abajo por la calle 42 durante horas recordando viejos tiempos a principios de los años

70. En aquel entonces no había más que locales de shows eróticos, cines de sexo, prostitución, homosexualidad y muchas drogas. Era un lugar vibrante. Todos los que odian a la escuela cortarían clases y se dirigirían al centro para ver el show matutino. Era el momento en que los proxenetas eran lo último y películas como *Super Fly* y *The Mack* eran las películas más populares. Siempre me fascinaba ver cómo funcionaban los proxenetas y el dinero que ganaban. Vi cómo se movían las chicas, como se subían a los autos y lo que corrían cuando veían a los policías. Parecía un trabajo duro, pero había muchos de ellos. Los proxenetas, con sus sombreros de piel y ropa fina, mirando la acción a una cuadra de distancia, pavoneándose a su gusto, esa mierda era tan genial.

Un día pensé: "Voy a ser un chulo". Tenía todo lo necesario: el carisma, la presencia y el estilo para ser uno, pero convencer a algunas chicas para que hicieran esto era otra historia. Me preocupaban demasiado las mujeres para que vivieran esa vida tan triste, era como la esclavitud. Las mujeres deben estar locas para dar todo su dinero a un tipo que habla sin problemas y repetir el juego día tras día. No es de extrañar, que muchos de ellos recurrieron a las drogas para adormecerse, para poder lidiar con la vida en la que ahora estaban atrapados. Me identifiqué con esto.

Al mismo tiempo, también se estaba dando este gran movimiento gay. Recuerdo a este tipo llamado Lollipop. Él tipo era el más popular en el "Deuce", argot callejero para la calle 42, y por supuesto gay. Junto con algunos otros homosexuales, él controlaba el negocio de las drogas en el área. Yo era demasiado joven para estar con ellos, pero él me acogió porque no tenía a dónde ir. Me vio como a un hijo y me protegía de los pedófilos. En ese momento tomar Qualudes estaban de moda. Lollipop me caía muy bien, nunca me puso la mano encima y dejó en claro a todos que me respetaran. Era bueno conmigo, me daba dinero para comer, me vigilaba y solo me daba drogas de vez en cuando porque yo se lo suplicaba, pero se aseguraba que estuviese bien. Fue durante un tiempo cuando estaba perdido y buscando pertenecer. Realmente nunca me sentí parte de nada y en mi búsqueda de identidad, ellos representaban un "espíritu libre y de felicidad", realmente disfrutaba salir con ellos. Cuando el clima mejoraba nos íbamos a la fuente en Central Park donde nos encontrábamos con un grupo de sus amigos. ¿Hablas de diversión? Aquello era algo de locos. Estos chicos sabían divertirse. Al anochecer nos tomábamos una Qualude, dormíamos sobre la hierba y comenzaríamos de nuevo al amanecer. Incluso cuando Lollipop no estaba, recuerdo haber pasado muchos días y noches en esa parte de Central Park. Fue un tiempo sin preocupaciones.

En aquella época, no había nada en el mundo más interesante que estar en "The Deuce" (La 42 Street). Ahora todo parecía tan limpio y diferente, pero los recuerdos duran toda la vida. Todo estaba en el pasado: las cicatrices, el Deuce, Andréa, Renzo, la prisión y todo ese dolor que sufrí. Ayer era un niño y toda mi vida había sido sobre ayer. Ahora era un hombre adulto, reflexionando sobre el pasado, pero se trataba de hoy y de muchos mañanas.

Mi hermana Dee

Volví a la realidad y pensé dónde iba a recostar la cabeza. Después de informar a la oficina de libertad condicional, fui a la casa de mi hermana Dee en el Bronx. Ella me recibió y me dio de comer. Luego fui en una misión para encontrar a mi hijo Anthony. Recé para que cuando lo encontrara me recibiera bien y supiera cuánto lo extrañaba. Estaba emocionado y no podía esperar para verlo.

Descubrí dónde vivían mi hijo y su madre. Respetuosamente, fui allí y llamé por la ventana. La madre de mi hijo vino a la ventana; su rostro palideció como si viera un fantasma. Me di cuenta de que se emocionó y luego volvió a meter la cabeza dentro. Esperé con los brazos abiertos a que mi hijo saliera. Se acercó con cautela a mí. Lo sostuve por lo que pareció una eternidad. Él se quedó allí un poco incómodo con su brazo apoyado suavemente alrededor de mi cuello como si no estuviera seguro de qué hacer. Entendí. No sabía qué hacer o decir, aparte de que lo extrañaba y lo amaba mucho. Cuando lo dejé tenía solo un año, ahora siete, parecía un niño grande. Tanto tiempo por recuperar, pero en ese instante solo quería disfrutar el momento.

Después de pasar un tiempo con él, prometí volver. Todos los fines de semana tenía la misma rutina, iba a la ventana y gritaba su nombre. Cuando me veía, bajaba a mi encuentro. Un día, la madre de mi hijo se acercó a la ventana y se quedó allí mirándome. Ella y Renzo se habían casado para ese entonces, y en los seis años que estuve ausente, tuvieron dos hijos propios. Ella se quedó allí por un rato con los ojos fijos en los míos, cuando de repente Renzo apareció por la ventana, la atrapó y me preguntó: "¿Qué quieres con mi esposa?". Comencé a sentir una corriente dentro de mí. Me tomó un segundo antes de que se registrara en mi cerebro. Comencé a sentir el dolor nuevamente, junto con algunos celos. Era la primera vez que lo veía desde el momento en que vino a visitarme a Rikers Island después de ser liberado. Fue entonces cuando me prometió que cuidaría de mi chica y de mi hijo. Seguro que hizo un buen trabajo al respecto.

"Tú, sucio pedazo de basura. ¿Por qué no vienes y me enfrentas de hombre a hombre? ", Le grité.

Cerró la ventana. Lo esperé afuera, pero nunca bajó. Mi hijo tampoco bajó. Desde ese momento, un miembro de mi familia me informó que, si quería ver a mi hijo, tenía que llamar a alguien para decir que venía. Entonces tendría que esperar a mi hijo en la esquina. Sabía que, si quería verlo, tenía que cumplir.

Traté de permanecer en la vida de mi hijo lo más que pude. Me esforcé para no comenzar problemas que me dificultaran verlo. Estaba creciendo rápido. Lo recogía los fines de semana y nos divertíamos. Hice todo lo posible para verlo, aunque solo fuera para ver su rostro. Cuando se hizo un poco mayor, comenzamos a pasar el rato. Él se quedaría conmigo e iríamos a todas partes. Cualquier chica con la que estuve durante ese tiempo, tuvo que lidiar con eso porque mi hijo vino primero. Era un buen chico, y me gustaba cuando estaba conmigo. Estábamos recuperando el tiempo perdido.

No sabía cómo ser papá, pero pasamos buenos momentos cuando lo recogía. Le encantaba viajar en mi auto. Esas veces buscábamos un hidrante abierto para lavar el auto mientras escuchábamos la música hip hop y rap que le gustaba. Durante el verano, las bocas de incendios abiertas estaban prácticamente en todas partes. Era así como los niños de la ciudad se mantenían frescos durante los calurosos meses de verano. Esto se convirtió en nuestro pasatiempo. Nos juntábamos y nos divertíamos mucho haciéndolo. Se sentía tan bien ver su entusiasmo por estar conmigo. Tuvimos un gran comienzo y esperaba con ansias estar juntos. Nuestro evento favorito era cuando la exhibición de autos llegaba al Centro de Convenciones Jacob Javits en el centro de Manhattan. No podíamos esperar, a él le encantaba. Lo que no sabía hacer era mostrar emociones o expresar mi amor, que creo que era lo que necesitaba más.

Pasaron los años y ahora tenía unos diecisiete años. Nuestra relación fue muy buena. El error más grande que hice fue tratar de ser un tanto liberal con él. Un día le ofrecí una bebida, y algunos años después comenzamos a fumar hierba juntos. Luego lo lleve con prostitutas y después vino la cocaína. Aunque pensaba que yo era el padre más genial de todos, algo comenzó a cambiar. Creo que fue el momento en que perdí su respeto como padre. No importa lo que hiciera, esto nunca cambiaría. Lo que hicimos no es lo que un padre debe hacer con su hijo. Aprendió sobre la imagen y el ego de mí. Me veía coquetear con todas las chicas y pensaba que era correcto – eso no era lo que quería para él. Siempre sentí que necesitaba entretenerlo. Tan incómodo como era, solo hice lo que sabía: regalos, dinero y automóviles. Así fue como supe complacerlo, y quería que fuera feliz cuando estaba conmigo. Pude ver su aburrimiento e insatisfacción cuando no había nada que hacer más que mirar televisión. Sé que debe haber sido difícil para él no tenerme cerca y que lo estuviera criando otro hombre. El nunca mostro emoción alguna, y pude ver que se estaba endureciendo.

Con el tiempo, nos acercamos y formamos parte de la vida del otro. Un día tuvo un terrible accidente de motocicleta que lo lesionó de gravedad. Después de unas pocas semanas, fue dado de alta, pero aún tomaba narcóticos para el dolor. Entre el dolor y el medicamento, me di cuenta de que se estaba perdiendo en el vicio. Tuvimos una discusión sobre el medicamento y él se puso a la defensiva. Tal vez fue mi enfoque. Sé que soy un poco áspero a veces. Me amenazó con lastimarme y luego me echó de la casa. Entonces, sentí que ya él había perdido todo respeto por mí.

Pude sentir cómo el amor y el respeto que un niño siente por un padre se desvanecía. Por mucho que doliera, sabía que algo dentro de los dos había cambiado. Sentía su dolor y su ira. La amargura y el odio que albergaba por mí, finalmente surgieron, y se intercambiaron algunas palabras hirientes. Se me arrancó el corazón del pecho. Sentí tanto dolor por él, pero al mismo tiempo estaba enojado. No estaba seguro si fue por mi pasado o culpa de su madre o el daño que su padrastro Renzo le causó. Una vez me contó sobre los años de abuso que él y su madre sufrieron y cuánto odiaba a Renzo, quien desde entonces la había abandonado a ella y a los niños, cuando Anthony estaba en la adolescencia. Se divorciaron y, en el 2016, Renzo tuvo un accidente de motocicleta y murió.

Ahora, estaba cara a cara con mi hijo, escuchando sus insultos. Me estaba enojando más y ese ser oscuro que había enterrado por tanto tiempo comenzó a emerger. A medida que el ruido en mi cabeza se hacía más fuerte, algo se rompió por siempre. Me quedé entumecido y por un segundo vi este destello de la cara de mi padre que me asustó y me impidió reaccionar y de inmediato salí de allí. Ya en la calle, me senté en mi auto por una hora mientras lloraba y dejaba pasar mi ira. No estoy seguro de si mi padre me estaba diciéndome algo o fue solo una intervención divina, pero sea lo que sea, estoy agradecido. Nunca fui consciente de la intensidad de los sentimientos de Anthony por mí, pero me alegro de que se haya liberado, aunque lamentablemente fue a costa de nuestra relación. Tenía tantas ganas de creer que él me amaba. Pensé que tal vez era su estado mental lo que hizo que perdiera la cordura de esa forma, pero el dolor era demasiado profundo y el daño ya estaba hecho, nos perdimos para siempre. Él y yo somos muy parecidos. Somos fuertes, egocéntricos y la mayoría de las veces no vemos más que nuestro punto de vista. Una vez intentó disculparse por mensaje de texto y dos días después más o menos vino a mi casa porque necesitaba un favor. Pensé que era una excusa para poder sentarnos y aclarar lo que sucedió, tal vez llorar un poco y perdonarnos. En este punto, no importaba la razón que usara, estaba feliz de saber que tendríamos la oportunidad de hablar y que mi hijo volvería a mi vida. Pero ese no era su plan. Vino por lo que necesitaba, prometió volver conmigo y luego se fue. Me quedé aturdido con la boca abierta cuando él salió. En el pasado, no me afectó tanto que me usara, aunque me quejara un poco, lo dejaría salirse con la suya solo para complacerlo. Sin embargo, esta vez fue diferente. Vi la poca consideración que tenía por nuestra relación o mis sentimientos. Esa fue la última vez que escuché de él.

Ha pasado un año desde ese incidente y todavía no nos hemos conectado. La brecha entre nosotros como padre e hijo creció, pero todavía lo amo y lo extraño mucho. Mi esperanza es que algún día podamos encontrar el perdón.

Con los años, su madre y yo establecimos comunicación. Como adultos, pudimos arreglar nuestras diferencias. Aunque nuestra relación a lo largo de los años había sido volátil, habíamos recorrido un largo camino desde ese niño de catorce años que conoció. Estoy seguro de que todavía le duele porque siempre mantuvo la esperanza de que algún día volveríamos a estar juntos. Incluso después de todo el perdón, nuestra relación puede ser difícil, por lo que nos mantenemos a una distancia prudente.

No tenía habilidades para ser padre. Mis habilidades de crianza con mi segundo hijo Alex no fueron mejores. Conocí a su madre Bella en un tratamiento de desintoxicación de drogas. Terminamos teniendo sexo en uno de los cuartos traseros cerca del armario de almacenamiento. Antes de abandonar la rehabilitación, me dio las llaves de su casa y me dijo que podía quedarme allí. Unos días después salió y vivimos juntos. Estaba tratando de mantenerme limpio, pero después de una semana de salir, ella comenzó a usar nuevamente y no pasó mucho tiempo antes de que yo también tomara el hábito. A partir de entonces, comenzó el drama. Seguí encontrando cosas que faltaban y dinero perdido. No había confianza, solo argumentos. Fue una relación de locos durante los cuatro meses que duró, hasta que fui arrestado nuevamente por un asalto a mano armada. Vino a verme a la isla Rikers y fue entonces cuando le vi la barriga por primera vez. Nunca supe que estaba embarazada. Ella sugirió que nos casáramos mientras esperaba el resultado del caso. Le dije que no, pero si se mantenía fiel, cuando saliera, podríamos discutirlo. Ella hizo lo mismo que la madre de mi primer hijo, Anthony: nunca volvió y se encontró con otra persona. Ella dio a luz mientras yo estaba en la cárcel. Dos años después fui liberado.

Después de saber en dónde iba a recostar mi cabeza y dejar mis maletas, salí a buscar y conocer a mi nuevo hijo Alex por primera vez. Llegué al edificio donde una vez viví con ella. Subí las escaleras y llamé a la puerta. Vi su sorpresa cuando abrió la puerta. Ella me presentó a mi hijo y tuvimos una buena visita juntos. Era un chico guapo. Seguí visitándolo una vez a la semana y dándole el poco dinero que podía. Era un niño de mamá y parecía muy malcriado. Tan pronto empezaba a llorar, le daban lo que quería. Era un mocoso. Muchas veces quería decirle que estaba criando a mi hijo como un debilucho, pero temía su respuesta. En sus primeros años de escuela pública, su madre me llamaba casi todas las semanas porque siempre se metía en problemas y faltaba el respeto a su maestro.

Se volvió muy desafiante para mí y no sabía cómo disciplinarlo, ni siquiera hablar con él porque simplemente perdería el control. Se había vuelto muy agresivo con su madre y con cualquiera que le dijera algo que no quería escuchar. Vi su ira y supe que esto no iba a ser fácil. Traté de acercarme a él para saber cómo ayudar con sus problemas, pero la mayoría de las veces fue inútil; él simplemente se rebelaría diciendo: "nadie me entiende", y gritar que era culpa de todos los demás y no suya. Luchó todos los días para no ir a la escuela. Su madre me volvía loco con sus quejas, pero tampoco tenía control sobre él. Sin importar qué le dijese, él solo se sentaba allí en silencio esperando que me callara y me largara de una vez. No mucho después de eso, dejó de ir a la escuela por completo. Todo lo que quería hacer era pasar el rato en la cuadra, por lo que las calles hicieron lo que hicieron: lo absorbieron y vi cómo su vida se convertía en un desastre. Me vi en él y supe que iba a tener una existencia muy dura. Su actitud sobre todo y todos solo empeoró y nadie podía decirle nada. Ahora estaba viviendo una "vida de matón".

Ahora tiene veintinueve años, sigue siendo el mismo, siguiendo el mismo camino que yo. No tenemos relación ni comunicación. Siento que no le importaría si muriera mañana. No creo que realmente me haya aceptado como su padre. Amaba mucho a su padrastro. Una vez incluso me dijo que este tipo era su verdadero padre. Aunque en ese momento fue doloroso, no estaba enojado, lo entendí. Sin embargo, nunca me impidió buscarlo o tratar de hacer una diferencia en su vida. Ahora, tiene tres hijos propios de dos mujeres diferentes. Esperaba que se convirtiera en un mejor padre para ellos que yo para él, pero ese no parece ser el caso.

Me enteré de que Alex había sido arrestado y enviado a la isla Rikers. Por mucho que temía volver allí, tuve que visitar a mi hijo. Sentí que era mi obligación educarlo con el conocimiento de mi estadía allí, para que pudiera estar mejor equipado que yo. La realidad de estar de vuelta allí era abrumadora, pero tenía que contener mis emociones.

Me partió en pedazos mirar a mi propio hijo sentado allí en un uniforme de la cárcel. "No voy a llorar", me dije, mientras continuaba caminando hacia él. Lo abracé con fuerza y le dije: "Te amo". Lo que quería hacer era salir de allí lo más rápido que pude; me sentía incómodo. Intercambiamos palabras y le dije: "Esta será la única vez que vendré a verte aquí". Nos abrazamos, nos despedimos con un beso y me fui de allí sintiéndome triste por él, pero a partir de ahora él tenía que aprender de sus propias experiencias y tendría que aceptar las decisiones que tomo.

En el 2009, la madre de Alex falleció. Sé que se sintió solo. No tenía relación con sus otros dos hermanos que vivían en otro lugar. Su vida se descontroló aún más, y no pude hacer nada para salvarlo de sí mismo.

Mis hijos nunca supieron realmente mis luchas mientras crecía, los tiempos en que me encontraba sin hogar yendo de un refugio a otro; que te quiten lo poco que tienes y estar de vuelta en la cárcel nuevamente. Muchas noches ni siquiera podía dormir pensando que algún loco me apuñalaría. Eran momentos en que me subía al tren hasta la mañana tratando de descansar y ordenar mis pensamientos. Otras veces, me quedaba en el Boys Club en Harlem, o con alguna otra mujer, hasta que obtuve mi propio lugar a través de la Sección 8. Me avergonzaba y me humillaba ir al departamento de asistencia social esperando en la fila para obtener cupones de alimentos, trataba de cubrir mi cara para que nadie me reconociera. Tuve que tragarme mi orgullo para sobrevivir. Fueron esas luchas junto con todo lo demás, lo que me hizo prosperar. Hice lo propio y me convertí en quien soy. No fue fácil para mis hijos, no iba a ser un facilitador para ellos. Era importante mostrarles un amor duro, tan difícil como eso parezca. Quizás algún día lo entiendan. Sé que me quedé corto, pero esperaba que fueran mejores padres que yo. Caminar con rencor y culpar a todos por su situación no resolvía nada. Por supuesto, al no tener una mente sana, las cosas empeoraron. Sin embargo, llega un punto en el que necesitamos ser hombres, asumir la responsabilidad del papel que desempeñamos y dejar de desviar todo el daño que se acumula dentro. A menudo pienso en ellos, y me entristece. Todos tuvimos una dura lección en el pasado y me dolía ver cómo sufrieron por no estar con ellos y con su madre como familia, creciendo juntos. Era importante haber estado cerca y enseñarles a jugar a la pelota y las cosas que los padres hacen cuando están jóvenes y aprendiendo. Nunca podría cambiar esto ahora, y el dolor es real: un niño necesita a su papá. Desearía que hubiera sido diferente para todos nosotros. Di lo que pude y estoy seguro de que querían más de lo que sabía dar.

Ya no tengo excusas. Tomé algunas decisiones terribles en mi juventud y afectó la vida de mis hijos. Por las elecciones que hicimos nos perdimos de la alegría de ser una familia. No nos quedamos atrapados porque no supimos alejarnos, sino porque no pudimos. El dolor y la animosidad eran demasiado profundos. Me perdí en mi tristeza y no podía estar allí para mis hijos como ellos esperaban. Estoy seguro de que tienen su propia historia que contar; tal vez reaccionaron de la única manera que sabían. Rezo para que algún día puedan perdonarme como yo los he perdonado y, con suerte, poder sentarnos como hombres, reflexionar sobre nuestras vidas y disfrutar de la compañía del otro. Espero vivir lo suficiente como para ver esto.

En cuanto a mí, he tratado de rectificar dónde me quedé corto con ellos siendo un buen abuelo para sus hijos, a quienes adoro e intento pasar el mayor tiempo posible en sus vidas. Lamentablemente, uno de mis nietos se perdió en el sistema cuando el niño tenía solo tres años y fue adoptado por otra familia. Ese fue un momento triste cuando realmente me sentí impotente e incluso culpable, preguntándome si podría haber hecho más para salvar a mi nieto primogénito. Ahora debe tener unos once años. Todavía tengo la esperanza de que algún día él y yo nos volvamos a ver. Incluso con todo el drama entre mis hijos y yo, nunca dejé de amarlos, y siempre estaré disponible para cualquiera de ellos si alguna vez necesitan mi sabiduría.

CAPITULO 7

El juego

El dinero estaba entrando

Mi novia Terry estaba muy feliz de verme. Ella me perdonó por ponerla en la posición que la puse cuando la atraparon trayendo la hierba a la prisión. Ella vivía con su tío y su esposa en el Bronx. Pude pasar un rato con ella allí, hasta que estuve ocupado tratando de adaptarme a la libertad y a mi nueva vida.

En la ciudad de Nueva York: la energía era electrizante. Fue un momento mágico para estar en libertad. Orchard Beach (La Playa) estaba a todo dar. La música, la gente y las hermosas mujeres. Me perdí muchas cosas, pero ahora estaba disfrutando el ambiente. Me encontré con algunos de los muchachos italianos que conocí en el norte del estado y que querían conectarme de nuevo. Yo no estaba listo para el juego de la cocaína, pero tomé sus números y seguí moviéndome para disfrutar mi primer día en la playa. No hay nada que me guste más que caminar por el tablado de Orchard Beach. Es como un desfile de bikini con tacones. Era donde todos pasaban el rato para encontrarse o simplemente para ver la gente pasar. Los chicos silbando a las chicas, y a las chicas les encantaba la atención. Cada sección tenía su propia música y grupo. La gente alrededor bailaba y se divertía. Si buscabas a alguien, en el paseo marítimo era donde lo encontrabas. Vi a muchas personas que no había visto en mucho tiempo, fue un gran regreso a casa.

Me enganché con un trabajo de verano en el Departamento de Parques de Nueva York. Disfruté trabajando al aire libre, especialmente cuando me pidieron que trabajara los fines de semana en la playa; nunca rechacé eso. Me pagaban mientras jugaba. Aunque nunca pudo encontrarme, el supervisor siempre me estaba buscando. Sabía que me estaba burlando o hablando con una chica en alguna parte. Como castigo, me quitó las horas extras de fin de semana en la playa y me puso a trabajar en uno de los parques por las tardes, limpiando y monitoreando la piscina después del horario de cierre. No pasó mucho tiempo antes de que comenzara a tener fiestas en la piscina, y cuando se enteró, fue cuando comenzaron mis problemas y me despidieron. Envié toneladas de solicitudes de trabajo, pero después de ser despedido de la Ciudad, nadie quería contratarme.

No tenía nada y comencé a preocuparme. Necesitaba ganar dinero. Recordé a mi amigo Freddie que estaba al norte del estado conmigo. Freddie era un hombre mayor, inteligente y muy serio.

Odiaba el negocio de las drogas y a todos los que lo trataban. Practicamos juegos de estafa, abriendo cerraduras, cajas fuertes, aprendiendo diferentes esquemas y cómo cometer el crimen perfecto. Yo era su alumno y estaba bien. En los últimos años de su sentencia, pasamos la mayor parte del tiempo estudiando. Estaba dispuesto a hacer y aprender cualquier cosa para sobrevivir en el exterior, sin importar qué. Cuando Freddie salió, me dijo que lo buscara.

Tenía curiosidad por ver qué estaba haciendo Freddie y un día me dio con darle una llamada. No quería decir mucho por teléfono, así que me invitó a su casa. Poseía una hermosa casa de ladrillos de dos pisos en Pelham Bay que estaba totalmente salda, aunque el tipo nunca tuvo trabajo. Su esposa nos preparó un almuerzo mientras hablábamos de adaptarnos al mundo exterior. Me dijo que lo tomara con calma por un tiempo. Me dio $30k en billetes falsos de veinte dólares y me dijo que me divirtiera. Y cuando se acabó el dinero, si quería ocuparme, hacérselo saber. Comencé a comprar cosas pequeñas con los billetes falsos para convertirlos en efectivo donde quiera que iba. Fue un juego fácil. No lastimaba a nadie y me estaba recuperando.

Necesitaba alejarme. Decidí hacer un pequeño viaje a alguna parte, antes de que sucediera algo más. Después de estar encerrado durante tanto tiempo, era necesario. Necesitaba averiguar qué quería hacer con mi futuro. Hice mi primer viaje fuera de la ciudad de Nueva York. Empaqué mi bolso y me dirigí a Miami Beach. Quería relajarme y mirar a las chicas en sus bikinis.

Después de un día de disfrutar de la playa y las vistas, decidí buscar a un viejo amigo que conocía de la calle 163. Me recogió en mi hotel y salimos a tomar una copa. Me dijo que había visto a Joey una vez en un club de striptease bailando. Le pedí que me llevara allí. Llegamos y, efectivamente, allí estaba él en el escenario. Joey hizo una doble toma cuando me vio y sonrió.

Después de su set, vino con su pequeño "G String" y me abrazó. Volvió a cambiarse, hablamos, tomó unos tragos y regresó a mi habitación de hotel para empacar mis cosas. Terminé quedándome con él por el resto de mis vacaciones. Fui con él a cada concierto y conocí a muchas mujeres, la mayoría de ellas strippers. Miami era el lugar para estar. Joey y yo retomamos nuestra amistad donde lo dejamos. Era como si nunca nos hubiésemos separado.

Me habló de un trabajo que podría interesarme y me preguntó si quería participar. Así como así, estaba de vuelta en el juego. Planeamos algunos atracos y regresamos al trabajo. Hicimos un viaje a Chicago donde robamos al dueño de un club y una joyería. Estaban vendiendo cocaína, y lo hicimos grande. Luego nos dirigimos a Nueva York con un cuarto de millón de dólares y diamantes. Contamos dinero toda la noche hasta la mañana, mientras bebíamos champaña y olíamos coca. Me di cuenta de que Joey pasaba mucho tiempo en el baño mientras me dejaba contando dinero. Lo encontré un poco apagado. Cuando salía, su comportamiento parecía diferente. Era muy temprano en la mañana, estábamos cansados, así que terminamos apilando dos montones de dinero juntos y cuando estos tenían la misma altura cada uno tomaba el suyo. Por su actitud, sabía que solo quería sacarme de su casa.

Vivíamos en grande. Joey consiguió un apartamento en Long Island y yo conseguí uno en el Bronx. Cuando queríamos vernos, viajábamos en nuestros Cadillac del año. Estábamos viviendo el sueño. Ese fue el golpe que había estado esperando, el que finalmente me pondría en la cima y resolvería todos mis problemas. Frecuentaba todos los clubes y barras desde Long Island hasta el Bronx, y en todas partes intermedias.

Me estaba preocupando un poco por el comportamiento de Joey. Lo que no sabía era que estaba albergando algún mal sentimiento hacia mí. Le pregunté si algo andaba mal, luego comenzó a decirme que sospechaba que me embolsé diez mil dólares la noche que me dejó contando dinero. En ese momento estaba convencido de que estaba en el baño fumando crack ese día. La desconfianza siempre estuvo ahí desde la primera vez que le escondí un anillo durante uno de nuestros robos; pensaba que todavía podría estar resintiendo la situación con mi ex, el día en el club The Knights. Al igual que su hermano Mickey, ninguno de los dos confió ni creyó en mí. Nuestra relación estaba en entredicho y algún tiempo después se mudó de regreso a Florida.

Habían pasado algunos meses desde que estaba en casa. El año estaba llegando a su fin y un nuevo año listo para comenzar. Fue mi primera Navidad y Año Nuevo en mucho tiempo y estaba emocionado. Los días feriados siempre son los más difíciles de pasar cuando estás tras las rejas. Se podía sentir el dolor del recluso por la expresión de su rostro. Todo el ambiente era deprimente. Una vez que quería sentir la Navidad, robé un poco de pintura y dibujé un árbol de Navidad en la pared de mi celda. No pude disfrutarlo porque me pusieron en confinamiento solitario durante todo el feriado por destruir propiedades estatales. Ahora podría tener mi propio árbol de Navidad de siete pies. Estaba libre en la Gran Manzana, listo para festejar culo afuera. Terry me había invitado a pasar la Navidad con su familia. Llamé a mamá para preguntarle si quería pasar las vacaciones conmigo, estaba encantada de hacerlo. Llamé a mi hijo Anthony y él también estaba feliz de pasarlo juntos. Me di una ducha, desenvolví mi traje nuevo y los zapatos que compré, me puse un poco de colonia Aramis y estaba en camino para recoger a mi familia con el aspecto de Tony Montana de *Scarface*. Este iba a ser el mejor día de mi vida. La fiesta estaba en pleno apogeo. Terry estaba feliz de vernos. Todos en su familia sabían de mí y me recibieron con los brazos abiertos, todos excepto su padre; me estaba poniendo un poco incómodo. Supongo que no podría culparlo: un convicto con su bebé. Pero pronto lo despedí y bailé con mamá y luego con Terry. Así fue como lo imaginé. Nos lo pasamos muy bien.

Terry y yo pasábamos mucho tiempo en mi apartamento, pero cuando las cosas se pusieron difíciles en casa de su tío, ella quiso mudarse conmigo. Fue entonces cuando mis sentimientos comenzaron a cambiar. No quería estar atado en una relación. No es lo que quería y era demasiado pronto para eso. Me sentí muy mal diciéndole eso y le ofrecí ayudarla a buscar un lugar. Estaba sorprendida de mi respuesta y sé que la lastimé. A pesar de su decepción, ella dijo que entendía. Quiero decir, necesitaba sacar mucho de mi sistema antes de establecer una relación y así lo hice. Poco después nos separamos.

Empecé a ver a esta nueva chica. Ella era muy atractiva. Podría decir que estaba sintiendo amor una vez más. Creo que fue a mediados de enero, cuando recibí una llamada de un amigo que conocí en la cárcel acerca de hacer un trabajo en una cooperativa de crédito en Boston, así que salí para analizar la situación. Me puse en contacto con Joey en Florida y él estaba en el próximo vuelo. Después de mirarlo más de cerca, pensamos que era demasiado arriesgado y decidimos no hacerlo. El equipo de Boston estaba decepcionado. Pedimos que nos dejaran en el terminal de autobuses. En el camino hacia allí, el conductor enojado estaba acelerando a pesar de que le dijimos que redujera la velocidad por temor a ser detenidos. Su respuesta fue: "Déjame conducir". Cinco minutos después los policías estaban detrás de nosotros y nos dijeron que nos detuviéramos. Podría haber estrangulado a este maldito tipo allí mismo. Nos registraron y arrestaron por posesión de armas junto con el equipo que trajimos para llevar a cabo el trabajo del banco. Salió en el titular de la primera plana del *Boston Herald* de la siguiente manera: "Tres hombres arrestados por intentar realizar un gran atraco cuando su complot fue interrumpido por agentes de policía".

Quería matar al hijo de puta. Joey y yo decidimos que, a la primera oportunidad que tuviéramos, le haríamos un número. Unos días después, en el juzgado, todos fueron "rescatados", excepto yo. Mi oficial de libertad condicional ordenó mi arresto así que no pude pagar la fianza. Me torturaba el ser tan necio. Estaba atrapado en Boston lejos de todo y de todos. Pensé: "¿Cuánto tiempo podría mi chica lidiar con esto? ¿Qué voy a hacer ahora? Estoy frito."

Mi mundo estaba una vez más al revés. Había olvidado todo lo que aprendí y lo que me dije. A pesar de todo el dolor, la experiencia y el conocimiento de lo que no debía hacer, no pude hacer lo correcto. Lógicamente entendí todo eso, pero pensé que era hábil. Era la avaricia, el miedo a quebrarme, mis inseguridades, y siempre tratar de encontrar un camino fácil hacia el éxito: esta era mi debilidad. No me veía haciéndolo de otra manera. Quería el camino rápido y ahora había mucho que pagar.

Una semana después, al regresar de la corte, el oficial me dijo que la orden había sido levantada y que podía pagar la fianza. Mi novia se estaba quedando en un hotel cercano preparándose para salir cuando la llamé para que viniera rápidamente a rescatarme. Pensé que era un error, pero no iba a cuestionarlo. Pagué la fianza y salimos de allí antes de que alguien se enterara. De vuelta a casa, llamé al oficial de libertad condicional para agradecerle por levantar la orden, él me dijo que no y que en realidad necesitaba entregarme de inmediato.

Le dije: "Esto no fue un error y pagué la fianza, así que no, no me entregaré hasta que descubras lo que sucedió". Colgué el teléfono y me escondí para ganar algo de tiempo, hacer los arreglos y poner algunas cosas en orden. Siete días después lo llamé y me entregué, esperando que funcionara a mi favor en la audiencia.

No hace falta decir que nada funcionó a mi favor. Fui golpeado con el máximo castigo y me dieron dos años más por una violación de libertad condicional. Me llevaron a la instalación correccional de Ossining, más conocida como Sing Sing; donde todos los notorios gánsteres esperaban en el corredor de la muerte. Solo habían pasado unos meses, pero fue el tiempo de prisión más difícil que he hecho. Me sentía desesperado y me castigaba por ser tan tonto y arriesgar mi libertad sabiendo muy bien lo que había sufrido antes. Simplemente no podía creer lo que había hecho y ahora las puertas del infierno se abrieron y me tragaron. El dolor fue profundo. Me preguntaba: "¿Tengo muerte cerebral o simplemente soy un estúpido? ¿Por qué el miedo a la quiebra y la avaricia tienen tanto poder sobre mí?

No tuve que pasar por la orientación o todas las cosas que hicieron con los chicos nuevos, porque yo era un infractor de la libertad condicional. Me dieron un nuevo uniforme con mi número anterior "77B-1399" y me enviaron a la población B Block con otros reclusos. Al estar tan cerca de la ciudad, uno podía obtener casi cualquier cosa allí. Los italianos vivían en grande, comiendo carne y cocinando su propia pasta en 7 Block. Era el bloque de honor para la gente de confianza que se movían libremente por la cárcel con un pase, moviendo sus cosas y haciendo dinero. Tenías que tener conexiones para estar allí. Pero yo estaba cumpliendo mi condena. Mi único escape fue la pelota de pádel, y cada vez que golpeaba esa pelota, era como si quisiera matarla. A los muchachos no les gustaba jugar conmigo, hablaba demasiado en serio y, por mucho que golpeara la maldita pelota, no podía liberar la ira. Solo empeoró.

Joey vino a visitarme, pero a partir de entonces, nunca lo volví a ver. Después de solo dos visitas, mi novia también dejó de venir a verme y no respondió a mis llamadas. Estaba con el corazón roto una vez más. Esta fue la reclusión más difícil que jamás hice. Estaba tan enojado que quería desquitarme con los demás. Sentía el sufrimiento a flor de piel; prefería morir antes que ser un fracaso. El dolor era tan intenso y me estaba matando lentamente.

Vi fotos de mi novia usando las joyas que había escondido del robo con Joey. Le había dejado dinero para cubrir sus necesidades, gastos de subsistencia y para seguir pagando mi renta, así que cuando saliera no estaría sin hogar, pero ella estaba de fiesta, comiendo en buenos restaurantes, comprando ropa nueva, gastando mi dinero y, además de eso, supe que ella dejó perder mi departamento. La foto que tenía de ella en la pared de la celda la usé como saco de boxeo y la escupí. Ella iba a pagar cuando yo saliera. Sabía que ella no era la chica para mí, pero no escuché mi conciencia. Estaba al final de mi cuerda en la desesperación y el odio. Cada día era un desafío seguir con vida; mientras mis entrañas me estaban devorando.

Era junio, seis meses después, mientras sacaba mi enojo jugando al pádel en el patio, me llamaron para regresar al bloque de celdas. El CO me dijo que empacara que me iba a casa. Pensé que era una broma enferma. Le dije al CO que era un mal chiste, pero él insistió en que no era una así. Estaba incrédulo. Fui a mi celda y comencé a empacar, tomándome mi tiempo en caso de que no fuera verdad, porque si lo fuera, alguien iba a pagar un precio muy alto. Cuando me llevaron a recuperar mi propiedad comencé a creer, pero todavía no estaba totalmente convencido. Pasé junto a la recepción de admisión, cada vez más rápido. Comencé a sudar y mi adrenalina se incrementó. Seguía pensando que en cualquier momento alguien me devolvería a la celda. No fue hasta que salí por la puerta principal que supe que no era una broma. Vencí el caso por un tecnicismo y el caso de Boston también fue desestimado porque descubrieron que el oficial que nos arrestó era corrupto y había estado pagando y falsificando registros de arresto. No estoy seguro de qué hubiera pasado si hubiera pasado otro día. No podía creerlo, ¡era libre!

Tomé el tren Amtrak a la ciudad, y aquí estaba de vuelta en la calle 42 sin ningún lugar a donde ir. Caminé hasta que decidí ir a la casa de la hermana de mi novia, con quien se estaba quedando. La hermana se sorprendió de verme, pero me dejó entrar. Nos llevábamos bien y siempre fue muy amable conmigo. Ella me dijo que su hermana no estaba allí. Le pregunté si podía quedarme allí algunas noches hasta que pudiera hacer algunos movimientos y ponerme de pie. Se sintió mal por lo que su hermana me había hecho y dijo que sí, pero no quería peleas en la casa. Aproximadamente una hora después, escuché las llaves en la puerta. Me puse de pie, escondiéndome al final de la cocina hasta que ella entró y luego salí. Tenía una expresión de sorpresa en su rostro y no estaba segura de qué hacer. Ella trató de volver a salir, pero comenzó a correr hacia mis brazos y me besó, mientras yo permanecía inmóvil con las manos a los costados sintiendo frío.

Le dije: "Caminemos y hablemos", para no discutir en la casa como prometí. Ella no quiso. La agarré de la mano y la arrastré.

Al salir del edificio, noté un automóvil estacionado doble, con un chico sentado adentro. La vi indicándole que se fuera. El tipo me miró directamente y se fue. La imagen acababa de juntarse. No podía negar que lo conocía y la interrogué más fuerte, hasta que admitió haber salido con él. La agarré por el cuello y le dije que iba a volver a llamarlo y decirle que quería conocerlo. Traté de mantener la calma para poder saber más, pero ella estaba aterrorizada. Me enteré que era policía y que sabía todo sobre mí. Ella hizo la llamada, y el tipo apareció en la casa.

Me presenté y le pedí que se sentara. Todos, incluida la hermana de mi novia, estaban tensos. Sabían que estaba enojado y temían cómo reaccionaría. Sentí su miedo y lo usé para mi ventaja. Comencé diciéndole que él sabía todo sobre mí como yo sabía sobre él, pero estábamos aquí para hablar de ella.

Le dije: "Voy a hacerle una pregunta a mi novia y, según su respuesta, determinaré que hacer". Me volví hacia ella y le pregunté: "¿Lo quieres a él o a mí?" Hizo una pausa y luego respondió: "Te quiero a ti". Miré al tipo y dije: "Ahí tienes la

respuesta. Ahora, como un hombre, acéptala, levántate y vete a la
mierda. No quiero volver a verte nunca más".

Ella se sentó en silencio y con miedo mientras él salía.
"Ahora, quiero que me traigas el dinero restante y las joyas mías
que tienes". Miré dentro, y estaba realmente enojado cuando vi lo
poco que había. Tomé los artículos que llevaba puestos: anillos,
aretes y collar. Empaqué todo, dije que volvería y luego salí por la
puerta. Pensé en no volver nunca más, pero eso fue demasiado
fácil, tenía que pagar. Fui a ver mi contacto y descargué todo,
luego regresé con un plan. Nos fuimos a la cama y la jodí con la
dura intención de lastimarla, como se merecía y sin ninguna
emoción. Cuanto más lo hacía, más le gustaba. Todos los días,
intentaba convencerme de cuánto me amaba y cuánto lo lamentaba,
pero no le creía, mi mente estaba decidida, y todas las noches hacía
lo mismo: actuaba fría y tenía sexo duro. Me sentía desconectado y
quería que compartiera mi dolor. Ella sentía mi disgusto, pero lo
aceptaba, sabía que me había perjudicado. Un día dije: "Volveré" y
nunca volví. Cuando me vio al tiempo, sabía que todo había
terminado, estaba cogida de la mano de otra chica. A medida que
pasaron los años, superé el dolor y seguí adelante. Vivíamos en la
misma zona, así que a menudo nos veíamos. No importaba con qué
novio estuviera, seguíamos viéndonos y teniendo sexo, solo esta
vez sin la hostilidad. Supongo que aún sentía algo por ella. Era
verano, una de mis épocas favoritas del año. Había un olor
particular en el aire cuando todos se prepararon para el sol. Las
chicas sacaban sus pantalones ajustados, cortos y blancos, y los
chicos mostraron sus nuevas zapatillas deportivas. Todos se unían
al gimnasio para preparar sus cuerpos para la playa. Empecé a salir
con chicas por todo el lugar. Era como si una bestia se soltara de su
jaula y tuviera que alimentarse. Una noche estaba solo en el club y
en mi mesa había una nota. Pensé que era el número de una de las
chicas que me estaba mirando. Abrí la nota y decía: "No ha
terminado". Mi corazón se detuvo. Entonces vi a este tipo alejarse.
La cocaína que había usado me tenía paranoico. Miré a mi
alrededor, tomé mis cosas e inmediatamente salí de allí. Esa noche
no pude dormir. Me quedé despierto hasta la madrugada.

¡Entonces me golpeó! Para estar libre de esta amenaza y seguir con vida debo limpiar la casa. Tenía un amigo que podría ayudarme.

Llegué a Manhattan en busca de Harry. Lo encontré en la calle 167, en la esquina de Audubon. El bloque estaba activo. Había una línea casi hasta la esquina de Amsterdam esperando para comprar algo de droga. A Harry le iba muy bien vendiendo esta mierda. Nos alejamos de la multitud y pasamos un rato en el restaurante. Me ofreció un corte de su negocio, pero lo rechacé. No me gustaba la heroína. Siempre sentí que era un juego sucio. Luego arrojó un rollo de billetes sobre la mesa para mí. Me rehusé a aceptarlo y le dije que estaba bien. Era costumbre hacer esto cuando estás bien y tu amigo sale de la cárcel, pero no era para eso que estaba allí. Comimos, reímos y hablamos de los viejos tiempos. Ahora era el momento de hablar en serio y decirle la verdadera razón por la que estaba aquí.

Le pregunté: "¿Recuerdas el pacto que hicimos de niños?"

"¿Cómo podría olvidarlo?", dijo.

"Bueno, mi vida está en peligro y necesito ayuda".

Hizo una pausa, me miró por un momento y respondió: "¿Quién, ¿cuándo, ¿qué y dónde?" Ahora estaba todo corriendo.

CAPITULO 8

Venganza

Harry y yo

Era la era de la cocaína y el crack. Washington Heights era la capital mundial de la cocaína. The Heights tenía una población mixta de cubanos, negros, blancos, puertorriqueños, judíos y dominicanos. Había BMW, Mercedes Benz y Lexus en todas partes. La música sonaba por las calles. Pensé: "¿Nadie trabaja por aquí?" Era como una fiesta en todas partes. Los automóviles con matrículas de otros estados venían a comprar drogas allí. Desde el exterior, parecía un mundo diferente. La gente pasaba el rato en las esquinas, bebiendo, riendo y divirtiéndose. Las cosas se movían rápido. Todos estaban laborando o vendiendo algo. Quince o veinte tipos se apresurarían a intervenir con cualquiera o con los automóviles, intentando hacer una venta. Luego te llevarían arriba a un apartamento estéril con solo un escritorio, una silla y una báscula encima. Siempre había tres o cuatro tipos; uno abría la puerta, otro te acompañaba, otro miraba todo y el que estaba en el escritorio trabajaba la balanza.

Harry y yo fuimos a ver a Jimmy a su casa para pedirle consejo. Era la primera vez que lo veía desde antes de ir a la cárcel. Jimmy era uno de los mayores traficantes de cocaína cubanos en The Heights. Sentí que necesitaba saber qué estaba pasando en caso de que tuviera algo que ver con estos tipos. Una vez escuché que la película *Carlito's Way* se basaba en su historia, sin saber cuán cierto era eso. Era un tipo reservado y, cuando yo era joven, no me trató porque crecí con su hijo. Como adulto, me respetaba a mí y cómo yo operaba. Había oído que yo me defendía y que me convertí en un tipo de fiar. Muchos italianos iban a su casa y regularmente pasaban el rato con él. Cuando éramos niños, todos sabíamos que estaba bien conectado y que nada sucedía en esta área sin su conocimiento. Mientras estaba fuera, había oído hablar de varios tiroteos cuando intentaban robarle en su casa. Él y su hijo no eran broma. Tan pronto como le conté a Jimmy sobre el tipo que golpeé en la cárcel, él sabía quién era. Me dijo que el tipo caminaba con un bastón ahora y su cara estaba desfigurada. Dijo que era su hermano quien era el pez gordo de la familia y tenía bastantes lugares. Me dio sus direcciones junto con la luz verde para actuar.

Harry ya tenía el equipo necesario así que comenzamos a planear nuestra misión. Enviamos a alguien al primer lugar para hacer una compra, mirar alrededor e informar los detalles. Una vez que recibimos la información, continuamos con el plan. Llegamos por separado a la casa de compra para no levantar sospechas, pero lo suficientemente cerca como para ser atendidos casi al mismo tiempo. Mientras uno de nosotros hacía la compra, el otro entró. La señal fue cuando hicimos contacto visual. Tan pronto como lo hicimos, nuestras armas salieron. Harry dejó caer al chico de la báscula y al que estaba más cerca de él. Yo me encargué de los otros. Los atamos y nos guardamos la coca, el dinero, las joyas, las armas y todo lo que pudimos agarrar.

Dejé un mensaje que decía: "Mi nombre es Pepe. Dígale a su conexión que esto no ha terminado". Salimos de allí sin enfrentar resistencia y nos fuimos por el camino opuesto hasta donde nos esperaba nuestro modo de escape. Nos dirigimos a nuestro punto de encuentro. Una vez allí, dividimos todo, pagamos al conductor y le dimos su parte a Jimmy. Su información fue precisa. Ahora sabía el nombre de la gran conexión, cómo se veía y cómo llamaban al hermano de mierda que me puso el contrato.

Les dimos unos días antes de volver a golpear. Nos mudamos el mismo día de la semana siguiente a un lugar diferente. Después de eso, cambiamos nuestros días de sábado a domingo. Nos reuníamos temprano en el día para revisar todo. Al atardecer estábamos en camino. Era el mismo escenario. Una vez más, los dejábamos caer y les dejé el mismo mensaje. Obtuvimos más dinero en el primer lugar, pero esta vez obtuvimos más cocaína, joyas y un arma. Le dimos a Jimmy la mayor parte de la coca; el resto Harry la sacó a la calle. Vendimos las joyas, pero conservamos las armas.

El domingo siguiente, hicimos lo mismo, solo que esta vez tuvimos que azotar a un tipo con una pistola porque se resistió. Una vez más dejé un mensaje: "Mi nombre es Pepe, dile a tu jefe y a su hermano que no terminará hasta que terminé el contrato conmigo".

Durante este tiempo, mantuvimos un perfil bajo. No íbamos de discotecas ni pasábamos el rato en ningún lado. Sabía que los dominicanos estaban buscándome. Nadie sabía dónde vivía, así que me sentía seguro. Esa era la regla. No pasaba cerca de mi casa, y dejé de comer por allí y de pasar el rato en la barbería local. Algunos de mis amigos fueron atrapados en un restaurante del centro y otro en una barbería, y fueron abatidos a tiros al estilo de los gánsteres. No quería arriesgarme y sabía que se podía correr la voz rápidamente cuando alguien pagaba lo cantidad correcta de dinero. Yo no pensaba terminar así, por lo que era necesario ser astuto. Las cosas iban relativamente bien, pero temíamos que se tornaran mucho más difíciles. Sabían que volveríamos. Lo bueno es que no tenían idea de cuándo o cómo llegaríamos. El elemento sorpresa siempre estuvo de nuestro lado. Era hora de prepararse para el próximo trabajo. Analizamos la acción, el diseño de los edificios y nuestra ruta de escape en la siguiente ubicación. Preparamos disfraces, obtuvimos nuestro equipo y salimos.

Como de costumbre, alguien nos llevó arriba. Cuando entramos en el apartamento, algo no se sentía bien. Los chicos se movían inusualmente. Nuestro plan era que, si sentíamos algo extraño, haríamos la compra, la tendríamos en la mano y nos alejaríamos. La señal fue cuando Harry puso la coca en su bolsillo. Compramos un gramo de cocaína. Intenté llamar su atención para ver si él estaba viendo lo que yo, pero no me miró. Quería cancelarlo; cuando decidió guardarlo en su bolsillo. Fue muy tarde. Sacamos nuestras armas al mismo tiempo, pero esta vez hubo mucha más resistencia. Los disparos estallaron en ambos lados. No sabíamos que alguien nos vigilaba a todo el tiempo desde la otra habitación a través de un agujero. Era una trampa. Quedamos atrapados en la habitación cuando se desató el infierno. Le disparé al tipo detrás de la báscula mientras yacía en el suelo gritando por ayuda. Incliné el escritorio para poder esconderme tras él y Harry usó la pared. Disparábamos sin cesar y aún teníamos que llegar a la puerta principal antes de que se nos acabaran las balas. Ambos gastamos un clip y solo teníamos dos cada uno. No había forma de llegar a la puerta principal sin recibir un disparo, pero teníamos que aprovechar esa oportunidad. No me iba a dejar matar allí.

Fue un tiroteo pesado. Podías oler la pólvora en el aire. Los disparos de escopeta del chico de la habitación contigua eran cosa de locos. Recogimos al tipo al que le disparé y lo usamos como escudo para salir. Si le dispararon y lo mataron, al menos no fue por nosotros. Para salir teníamos que eliminar al chico de la habitación de al lado y al del pasillo que daba a la puerta. Un tipo ya salió corriendo, probablemente para traer refuerzos. El pasillo hacia la puerta parecía más largo que antes y teníamos que salir de allí antes de que fuera demasiado tarde. Volvimos a cargar y decidimos hacerlo con nuestro escudo vivo. Agarré al chico, Harry se puso detrás de mí y salimos corriendo. Me concentré en el chico de la habitación contigua. Comencé a disparar a través de la pared. Escuché al tipo gritar y Harry se encargó del tipo en el pasillo. El hombre se había quedado sin municiones y cayó de rodillas rogando que no lo mataran. Harry le disparó de todos modos. Sentía una quemadura en mi brazo, pero no le presté atención. Dejé ir al que sostenía como escudo porque ya estaba herido. Salimos corriendo del apartamento saltando un tramo de escaleras a toda velocidad. Salimos del edificio con las armas aún desenfundadas. Vimos toda la conmoción y corrimos hacia la esquina donde nuestro auto nos esperaba. Harry se revisó para asegurarse de estar ileso cuando notó la sangre que corría por mi brazo, tenía una herida de bala. El plomo atravesó el brazo y salió por el otro lado. Llegamos a la casa de seguridad, él se ocupó de mi herida y revisamos lo que acababa de acontecer. Esta vez nos habían estado esperando.

Tuvimos que cambiar nuestra estrategia. Me volví hacia Harry y le pregunté si quería renunciar. Le hice saber que lo entendería, pero tenía que hacerlo. Como un verdadero soldado, respondió: "Estoy contigo hasta el final". Al día siguiente fuimos a la casa de Jimmy. Le contamos sobre el tiroteo. No estaba sorprendido. Ya habían sido golpeados varias veces.

Jimmy nos dio la dirección del lugar principal de los hermanos dominicanos en el Bronx, donde todo entra y desde donde se distribuye. Sabíamos que el lugar estaría bien armado. No sería fácil. Decidimos vigilar el sitio. Durante unos días, los espiábamos desde una azotea con binoculares. En un momento, dudamos de que estuvieran allí porque había poco o ningún movimiento. Por supuesto, no sería como los otros lugares. Era una casa segura para ellos y necesitaban mantenerla a raya. Nos quedamos allí esperando y buscando descubrir algún tipo de rutina. Entonces lo vi. El hermano que apuñalé en la cárcel. Salió de un Lexus con una bolsa en la mano junto con el chico que vi alejarse de mi mesa en el club la noche que me dejaron la nota. Todo empezaba a tener sentido. Dos horas después el chico del club salió con otro chico que nunca había visto antes. Pasaron un rato en la entrada del edificio fumando. Treinta minutos después volvieron a entrar. Cuando nos íbamos, todos salieron con las manos vacías y se metieron en el mismo automóvil que condujo para recogerlos. Aprendimos lo que necesitábamos para limpiar la casa.

Viernes en la noche. Atravesamos el bloque para reconocer el objetivo. Las cosas estaban tranquilas. Hicimos un segundo pase, salimos del auto y caminamos alrededor de la cuadra. Entraríamos al edificio, subiríamos corriendo las escaleras y nos esconderíamos en el tope hasta que viéramos o escucháramos movimiento y luego bajaríamos y los asaltaríamos por sorpresa. Ese era el plan. Mi corazón se aceleró, miré a Harry, y sin hablar, sabía que su corazón también estaba acelerado. A medida que nos acercábamos al edificio, vimos al chico del club con otro chico entrando al edificio. Harry quería abortar el plan, en ese momento le dije que era una buena oportunidad. Seguimos caminando y le conté el nuevo plan. Decidimos ponernos al día y dejarlos subir las escaleras, mientras lentamente nos arrastramos detrás de ellos cuando llegaron al quinto piso donde estaba la casa de alijo. Cuando llamaron y la puerta se abrió, los apresaríamos. Lo que no le dije a Harry fue que, si el tipo nos veía, me reconocería; así que planeaba llevarlo como rehén por las escaleras si eso sucedía. No estaba dejando pasar la oportunidad y no estaba retrocediendo ahora, pase lo que pase, esto termina hoy. Afortunadamente, eso no sucedió. Todo salió de acuerdo al plan.

El edificio tenía dos juegos de escaleras que subían en cada esquina. Tomamos el lado opuesto, escuchando atentamente la charla y observando. Se pusieron delante de la puerta y llamaron. Cuando escuchamos que se abrían las cerraduras, nos movimos rápido y nos dejamos caer cuando la puerta se abría. Aferrándonos a los tipos con los que nos topamos, los usamos como escudos cuando entramos. Un tipo salió a ver qué estaba pasando, pero corrió cuando comenzamos a disparar mientras empujábamos a los tres tipos hacia adelante. Uno de ellos salió corriendo así que le disparé y comenzamos a ir de habitación en habitación. Entonces alguien comenzó a disparar desde otra habitación. Uno de los escudos fue golpeado y cayó abatido por su propio colega. Con el único chico que nos quedaba, abrazado con fuerza, despegamos en dirección de donde provenían los disparos. Entré en la habitación mientras Harry me cubría. Detrás de la cama, contra la pared, allí estaba el tipo de la prisión con los brazos en el aire mientras se rendía. Me estaba diciendo que tomara lo que quisiéramos.

Me dijo "Ahí está el dinero y las drogas".

Lentamente caminé hacia él con mi arma en alto y le pregunté: "¿Valió la pena?".

Él lloró y me dijo: "Todo terminó, solo toma las cosas y ya no tendrás que mirar por encima del hombro".

Apunté mi arma a su cabeza; alcanzó su arma en un último intento de defenderse. Apreté el gatillo y lo vi caer hacia atrás. "Ahora se acabó", dije.

Agarramos todo lo que pudimos y, antes de salir, Harry le disparo al último chico y dijo: "No hay testigos". Nos pusimos rápidamente nuestras máscaras, salimos del edificio uno a la vez y nos dirigimos a nuestro auto.

CAPITULO 9

Disfrutando "La Vida"

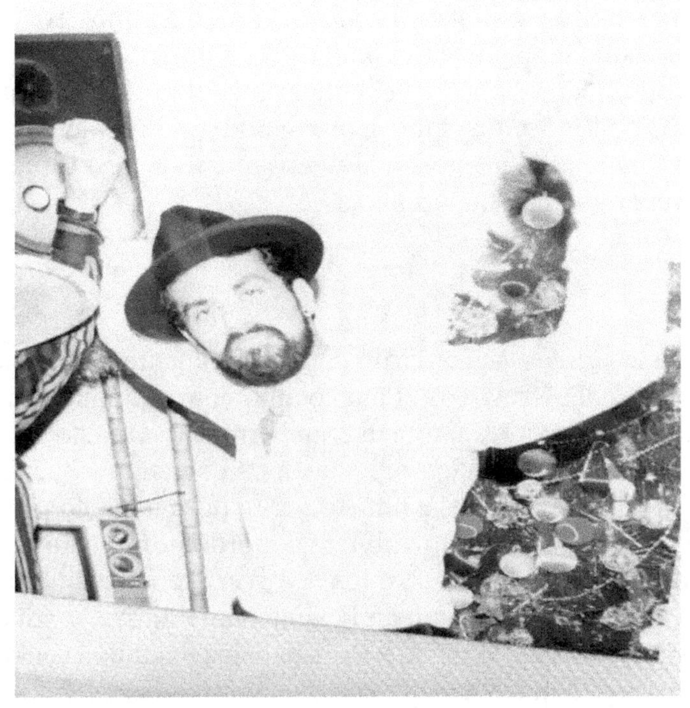

El Guapo

Con todo lo que pasó, no me estaba cuidando bien. Había una nube sobre mí que me consumía. El insomnio se hizo cargo. Tenía demasiado en mi mente y necesitaba relajarme. Algo tenía que ceder antes de autodestruirme. Decidí tomar un descanso para distraerme por un tiempo. Harry y yo nos relajamos durante un par de meses hasta que todo se calmó. Nos mantuvimos en contacto con Jimmy y miramos la televisión en busca de noticias.

Harry conocía a un tipo que conducía una limusina con el servicio de limusina de O.J. Lo llamó para que pudiéramos salir un poco e ir al centro. Manhattan tenía esta magia para hacerte sentir mejor. Me encantaba ir al centro de la ciudad a los teatros, restaurantes y ver gente de todos los ámbitos de la vida. Parecía que todo el mundo se llegaba hasta allí. Era una atmósfera electrizante que le mejoraba el ánimo a cualquiera. Jugábamos en los clubes, usábamos coca y bebíamos, gastando el dinero que obtuvimos de los asaltos. Fue un alivio poder relajarme un poco, pero todavía no estaba a gusto. Deseaba que todo desapareciera para no tener que preocuparme más.

Ir a los clubes se convirtió en algo frecuente. Fue cómo supe desestresarme. Disfrutamos el nuevo ambiente y la multitud sofisticada. Las mujeres también eran hermosas. Una noche de camino al club nos detuvieron. Estábamos bebiendo y haciendo coca en la parte trasera de la limusina. Me puse un poco paranoico, y pensé ¿qué pasaría si algo volviera a mordernos el culo? Estaba listo para alcanzar mi arma. No iba a volver a prisión sin importar lo que costara. El policía golpeó la ventana, le dijo al conductor que bajara el vidrio y le mostrara los papeles del auto. Teníamos la sensación, por lo que decía, de que era una trampa. El vio una limusina, decidió detenerla para ver cómo podía sacarnos algo de plata. No es frecuente ver una limusina en The Heights y, con todo lo que sucede allí, probablemente pensó que estaba de suerte. Fue durante este tiempo que muchos policías corruptos andaban sueltos por toda la ciudad. Estaban en la nómina de algunos de los capos de la droga en el área. Todos se las estaban buscando de una forma u otra.

Poco después, todo se les derrumbó a muchos policías. La corrupción estaba en su punto más alto y los oficiales cayeron por todo tipo de cargos. Los llamaron "Los treinta sucios". Fue la mayor redada de corrupción policial que tuvo lugar en la historia de The Heights. Todos tenían un precio. Todo para el mejor postor por la protección policial. Si no pagabas, te quitaban tu dinero, tus drogas y te cerraban el negocio. Entonces, le vendían tu mercancía a quienes estaban bajo su protección por la mitad de su valor. Algunos distribuidores delataban a sus competidores para establecer su control. Se trataba de quién conocías, qué tenías, qué tan poderoso eras o qué tan loco estabas dispuesto a ser. Era una cosa enferma. Los traficantes y los tiradores tenían que preocuparse por los policías, los buenos y los malos, los asaltantes independientes, y de ser robados por sus propios trabajadores. La información se vendía a bajo precio y los cuerpos aparecían por todas partes. Solo el más apto sobrevivió. Sabía que necesitaba retrasar las cosas. Mi vida estaba en piloto automático, y no iba a ningún lado bueno. Mi paranoia estaba sacando lo mejor de mí y siempre estaba en guardia. La tensión estaba en su punto más alto, lo que me hizo sentir incómodo. Siempre mantuve un arma conmigo, a pesar de que me arriesgaba a ser detenido y volver a la prisión, pero en peligro de muerte era algo que tenía que hacer. No tenía vida. Estaba nervioso y no me sentía en paz en absoluto.

Las imágenes de mi vida seguían parpadeando en mi mente. Lo poco que dormía era interrumpido constantemente por pesadillas. La mayoría de las noches me despertaba con sudores fríos. Los espíritus me perseguían. Mis sueños eran locos. Siempre se trataba de alguna guerra, prisión, miedo o venganza. Había disparos y yo corriendo todo el tiempo sin nadie cerca para ayudarme. Me estaba volviendo loco. Estaba reviviendo las mismas cosas una y otra vez. No me gustaba la inestabilidad que sentía. Vivía una vida sin significado ni propósito. Siempre tuve fe, pero perdí el rumbo. El vacío interior era profundo, y necesitaba encontrar el camino de regreso a la civilización. Quería volver a cuando las cosas eran más simples. Necesitaba que mi espíritu se alineara en armonía con Dios. No podía soportarlo más y, desesperado, me derrumbé y pedí dirección. Estuve en la niebla durante demasiado tiempo y necesitaba dejar el juego atrás antes de que alcanzara un precio que no estaba dispuesto a pagar.

Harry pasaba mucho tiempo encerrado en su habitación. Me preguntaba qué demonios estaba haciendo allí. Cuando salía, no hacía contacto visual conmigo. Sentí que me estaba evitando y me sentí incómodo. Pensé: "Tal vez me quedé más tiempo de lo debido". Cuando nuestros ojos se encontraron, me di cuenta de que lo que hacía todo el tiempo era fumar crack. Estaba devastado y quería patear su trasero. Empecé a empacar ese mismo día. Decidí que era hora de moverme. Estaba cansado y ya había tenido suficiente. Esa fue la última vez que vi a Harry. Un par de meses después, escuché que lo agarraron y estuvo diez años con los federales.

Me dirigí al Bronx para quedarme con mi hermana menor Cindy, ya que dejé ir mi lugar. Ella tenía dos niñas. Eran las niñas más lindas. Disfruté estar allí para cuidarlas. Era un lugar tranquilo. Cuidé de mi hermana y sus hijas; y ella cocinaba para engordarme. Era el descanso que tanto necesitaba. Mantuve un perfil muy bajo durante casi dos años. Si salía, era local, donde pocos o nadie me conocía. A veces me paseaba por el océano para ver el atardecer. En ocasiones, me quedaba en casa para cuidar a mis sobrinas. Encontré la paz estando en casa con la familia.

Un día llegué a casa para encontrar a Renzo, el padre de sus hijas, sentado en el sofá cama en el que yo dormía en la sala de estar. Recuerdo mi sorpresa cuando abrí la puerta y lo vi. No lo había visto desde la última vez que fui a ver a mi hijo cuando se asomó por la ventana e intercambiamos algunas palabras. Ahora estaba aquí. No podía creer lo que veía. Cuando abrí la puerta y lo vi, inmediatamente salí de la casa y cerré la puerta. No sabía cómo reaccionar, pero sabía que estaba enojado y eso no era bueno. Abrí la puerta de nuevo y me abalancé sobre él. Mi hermana gritaba y trataba de separarnos. Intentó decirme que no era lo que pensaba y se disculpó. Simplemente no quería escucharla. Ya había ido demasiado lejos. Peleamos todo el camino hasta el pasillo. Lo arrojé por un tramo de escaleras. En el vestíbulo, lo agarré por el pelo y comencé a golpear su cabeza contra los buzones. Estaba herido de gravedad. Apenas podía levantar los brazos para defenderse. Seguí golpeándolo en la cara hasta que quedó destrozada y sangrante.

Comencé a sentir lástima por él y, justo cuando estaba por desfallecer, lo sostuve en alto y le dije: "Te amaba y me rompiste el corazón". Entonces lo dejé caer y regresé a la casa.

Mi hermana se encerró en su habitación. Pasaron los días y no hablamos. Me sentí mal por lo que hice. Simplemente no podía entender por qué él pensaría que estaba bien aparecerse por allí, así como si nada. Me sentí traicionado, tanto por mi hermana como por él. Era como si ninguno de ellos tuviera en cuenta mis sentimientos o lo importante que era para todos nosotros. Toda nuestra familia quedó devastada por lo que él y la madre de mi hijo hicieron. Todos se vieron afectados por esto, incluidos nuestros amigos. Me preguntaba cómo mi hermana podría hacerme esto después de todo el dolor que habíamos pasado juntos. Estaba bien si ella quería tener alguna conexión con él por el bien del niño, pero ella no debió permitir que se apareciese ante mí de esa forma.

CAPITULO 10

La desaparición

Pasaron los días y no había visto a mi hermana Cindy desde que salió a la calle y me dijo que volvería, pero eso nunca sucedió. Era como si se desapareciera. Habían pasado meses sin decir una palabra de dónde estaba. Yo me estaba volviendo loco. Pensé que alguien descubrió dónde estaba y se vengaron secuestrando a mi hermana. Me asustó muchísimo. O, tal vez, todavía estaba enojada conmigo por la discusión que tuvimos el día que Renzo apareció por allí.

No pude dormir bien durante días pensando en lo que podría haberle pasado. Saltaba alarmado por cada sonido. Me sentía impotente y seguía imaginando lo peor, como que alguien la secuestró, o peor aún, que la mataron. Revisé cada pedazo de papel en ese apartamento, buscando pistas. Revisé su guía telefónica y llamé a números que pensé que podrían ser amigos, pero nadie tenía noticias suyas.

Tenía que encontrar a mi hermana a cualquier precio, pero no podía hacerlo con sus hijas aquí. Necesitaba encontrar un lugar seguro para ellas, donde estuvieran cómodas en ausencia de su madre. Llamé a mi otra hermana Dee y le pedí que se llevara a las niñas. No me gustaba que fueran de un lugar a otro, pero no tenía más opciones.

El teléfono sonó un día. Era la voz de una mujer. Ella sonaba misteriosa, pero nerviosa. Ella dijo: "Tengo información sobre su hermana, pero tenemos que encontrarnos en secreto sin que se lo digas a nadie".

Le dije: "Sí, por supuesto, ¿dónde te gustaría reunirte?"

"En el estacionamiento de McDonald's en Jerome a las 3pm", dijo. Fue la primera pista real que tuve.

Mantuve la compostura porque esta podría ser mi única oportunidad, así que necesitaba pensar con claridad. Incluso podía ser una trampa. No sabía de qué se trataba. Me preparé y llegué dos horas antes para revisar el área. Todo y todos en este punto eran sospechosos. Mientras estaba sentado en mi auto, vi a esta chica acercarse. Ella parecía estar disfrazada. Algo estaba pasando, y tenía que actuar con mucho cuidado. Miré a mi alrededor mientras ella se acercaba. Ella hizo lo mismo.

Salí del auto y sus primeras palabras fueron: "¿Alguien te siguió? ¿Le contaste a alguien sobre nuestra reunión?"

Le dije que no. Ella estaba asustada.

"Esto es un error, no debería estar aquí", dijo mientras intentaba irse. La sostuve el brazo y le aseguré que todo iba a estar bien. Ella se metió en mi auto y fuimos al parque calle abajo.

Nos sentamos en un banco del parque y ella me dijo que algo había pasado con algunos colombianos muy importantes. Mi hermana se había acercado a ella y a otras chicas para reclutarlas para un negocio. Si todas aceptaban, había un gran día de pago. Si viajaban por el trabajo, la paga era aún mejor. Solo tenían que escoltar a algunos turistas muy importantes y hacer que se vieran bien. Se suponía que todo era seguro.

Ella dijo: "Todas estábamos entusiasmadas con ganar veinticinco mil dólares. Éramos tres además de tu hermana. Más tarde, su hermana nos dijo que el plan había cambiado y que tendríamos que hacer un viaje por un día con todos los gastos pagados. Incluso nos daban algo de dinero para comprar ropa para que pudiéramos lucir bien. Tu hermana estaba molesta porque eso no era lo que esperaba. El trato para ella era solo encontrar a las chicas. Ahora también tenía que encontrar la forma de viajar también o de lo contrario no le pagarían. Cuando recibimos nuestros pasaportes, tu hermana los llamó. No sabíamos a dónde íbamos. El tipo llamó y nos dijo que tomáramos un taxi a Queens y alguien nos recogería allí. Este tipo apareció en una limusina. Ninguna de nosotras había estado en una limusina antes. Algo no se sentía bien. Nos pusimos nerviosas. El conductor nos llevó al aeropuerto Kennedy, nos dio algunos boletos para un vuelo a Miami y nos acompañó lo más lejos que pudo. Tu hermana fue con nosotros. Estaba realmente preocupada por dejar a los niños, pero sabía que los cuidarías. Cuando aterrizamos en el aeropuerto de Miami, alguien nos saludó con un cartel con el nombre de tu hermana y nos dirigió a otra limusina. Por ahora, todas estábamos impresionadas y nos sentimos importantes bebiendo champán en la parte trasera de la limusina. Nos dirigimos a un puerto deportivo, recuerdo que era un gran bote con un nombre en el costado que decía Key Largo. Fuimos recibidos por un hombre mayor de unos cuarenta años, creo. Nos dijo que había un cambio en los planes y que teníamos que irnos esa noche. Teníamos miedo. Tomó nucstros pasaportcs, nos dio algo de dinero y nos dijo que compráramos lo que necesitáramos para pasar la noche. Le dijo al conductor que nos llevara y nos reuniéramos en el hangar a las 6 de la tarde".

La chica hizo una pausa y miró a su alrededor antes de continuar. Ella me dijo que ninguno de ellos había ido a Miami antes, y mucho menos fuera de la ciudad. Ella pensó que el chico de la limusina que los llevó era agradable. Fueron de compras, se rieron y bebieron champán. Ella pensó que todo estaba bien. Querían hablar, pero tenían miedo de decir algo negativo sobre el tipo porque siempre estaba allí con ellas. Tenía miedo de que si cambiaban de opinión sobre el viaje algo malo sucedería. Los llevaron a un aeropuerto privado y se subieron a un pequeño avión rojo y blanco. Cuando el hombre les dijo que se dirigían a Panamá, comenzaron a enloquecer. Cuando aterrizaron en Panamá, un auto las estaba esperando. Las llevó a una casa grande donde les presentaron a los hombres que iban a escoltar. Tenían que seguir sus instrucciones, sin hacer preguntas. Estaban en un país extranjero sin pasaporte, dinero o incluso un teléfono para llamar a casa. El miedo se cernió sobre todos ellas cuando se separaron para irse con sus respectivos "compañeros". La impotencia comenzó a aparecer. Le dijeron que se quedara en la casa. Se estaba haciendo tarde cuando preguntó por mi hermana y los demás. El hombre le dijo que volverían pronto, pero ella nunca volvió a verlos.

El hombre mayor con el que estaba, le dijo que era abogado y que tenían que hacer algunos recados a la mañana siguiente. Seguía diciéndole que todo estaba bien y que descansara un poco. El hombre nunca la tocó, pero ella todavía estaba asustada. Pensó que nunca volvería a ver a sus hijos. Esperó un poco hasta que el hombre estuvo profundamente dormido antes de salir de puntillas de la habitación y llegar a la puerta principal, luego corrió lo más rápido que pudo. Vio un área boscosa y se dirigió hacia allí corriendo tan rápido como pudo, adentrándose en el bosque hasta que ya no pudo ver la casa. Allí se escondió detrás de un árbol hasta el amanecer y comenzó a caminar con miedo por el bosque cuando vio una casa a lo lejos y se dirigió hacia ella. Llegó a la puerta principal y llamó. Apareció un hombre, vio el miedo en su rostro y, llorando, ella le dijo que necesitaba ayuda. El hombre la dejó entrar, hablaron y dijo que haría todo lo posible para ayudarla. Ella se quedó con él y su esposa unos meses hasta que pudieron obtener un pasaporte y salir del país. Al aterrizar en JFK, sabía que no podía volver a casa por temor a que los colombianos vinieran por ella.

Le agradecí por contactarme y le prometí que haría cualquier cosa en mi poder para protegerla. Nos levantamos para irnos y luego ella me preguntó si yo podría quedarme con ella por un tiempo. Estuve de acuerdo. Fuimos a donde ella se quedaba y hablamos la mitad de la noche. Sentí su miedo y lamenté que una chica tan dulce e inocente tuviera que experimentar tanto miedo. Su vida cambió para siempre por la promesa de dinero fácil. Me pidió que me acostara con ella para poder abrazarme hasta que se durmiera. Me sorprendió, pero dije que sí. Ella puso su cabeza sobre mi pecho, y un momento después comenzamos a besarnos y luego terminamos teniendo sexo. Por la mañana, ella me hizo el desayuno. Hablamos un poco más antes de irme. Después de eso, nunca la volví a ver. Ella me dio mucha información. Tenía el nombre del tipo, la descripción y las ubicaciones probables. Ya era hora de que me embarcara en una aventura propia.

CAPITULO 11

Los colombianos, Costa Rica y hermana

Pasaporte para Costa Rica

Aterricé en Miami con un boleto de ida preparado para quedarme el tiempo que me llevara recuperar a mi hermana. Viajaba ligero en caso de que tuviera que levantarme y escapar con rapidez. Si necesitaba algo, lo compraría a medida que avanzaba. Tomé un taxi directamente a la marina en busca de un bote llamado Key Largo. No sabía dónde estaba el puerto deportivo, así que confié en el taxista para llevarme allí. Después de un tiempo caminando y mirando, vi un bote que se ajustaba a la descripción con el nombre de Key Largo al costado del puerto deportivo. Esperé y observé cómo llegaba al muelle. Me sentí ansioso y mis palmas comenzaron a sudar. Comencé a caminar hacia el bote cuando vi que alguien lo limpiaba. Me acerqué al tipo y le pregunté por Joe. Dudó en responder. Él preguntó: "¿Joe, ¿quién?"

Le di la descripción que me dio la chica. Me dijo que no sabía de quién estaba hablando y me preguntó quién era y qué quería. Le di mi nombre y número. Le dije que necesitaba hablar con Joe sobre algunos asuntos muy importantes, y luego me fui. Sabía por su respuesta que había dado en el blanco, pero era inútil hacer más preguntas.

Cogí un taxi y me registré en el hotel Fontainebleau, no lejos del puerto deportivo. Aquí fue donde filmaron una de las escenas en *Scarface*. Durante cuatro días regresé al puerto deportivo. Observé y esperé desde la distancia para ver cualquier movimiento. No había ninguno, el bote no se movió. Llamé a un taxi y me dirigí al aeropuerto privado más cercano en busca de un avión rojo y blanco. Había algunos aviones allí, así que los revisé uno por uno y dejé mi número. Había algunas personas cerca del último avión y pregunté por el propietario. Me dirigieron al hangar donde estaba el gerente de operaciones. Tan pronto como entré, un chico me preguntó si estaba allí para una clase de vuelo.

Respondí: "No, estoy buscando a Joe, el que usa ese avión". Él dijo: "No puedo darle esa información, pero si lo desea, puedo tomar su nombre y número y transmitirlo". No esperaba otra cosa.

Ya tenía mi información con dos números de contacto anotados para darle. Estuve dando vueltas un rato para observar cualquier acción. Nada. Fui a almorzar y luego regresé al hotel. Verifiqué con la recepción para ver si había algún mensaje. Al día siguiente me quedé un rato y decidí que mi negocio allí estaba terminado. "Qué bueno que le di un segundo número". Pensé. Cogí un taxi al aeropuerto y compré un boleto de regreso a casa. Durante el viaje en avión, verifiqué lo que logré y examiné lo que aún tenía que hacer.

Esperé unos días, pero nadie llamó. Me dirigí a Queens en busca de la limusina que primero recogió a las chicas. Estaba preparado para un largo día. Sabía que no iba a ser fácil. Hasta ahora Dios estaba de mi lado. Recé todos los días para que me mantuviera a salvo, y para que pronto encontrara viva a mi hermana. Eran las seis de la mañana cuando llegué allí. Rodeé cada bloque dentro de esa área, pero no vi nada. Tomé algo de almuerzo y luego regresé al Bronx.

Me estaba quedando sin opciones. El primer día vino y se fue. El segundo y tercer día también. Al cuarto día sonó el teléfono. La voz del extraño preguntó: "¿Eres Pepe?"

—"Este es él".

"Has tocado algunas puertas buscándome, así que aquí estoy, ¿qué puedo hacer por ti?"

Le dije: "Mi hermana hizo algunas cosas por ti y ahora está desaparecida. Solo trato de encontrarla y traerla de vuelta a casa con sus hijos. Nada más".

Él preguntó: "¿Quién es tu hermana?"

"Cindy; junto con otras chicas que te consiguió", respondí.

Él dijo: "Está bien, te diré qué. Tienes pelotas, y lo respeto. Mañana al mediodía, en Queens. Hay una cabina telefónica, inmediatamente después de bajar el puente Triboro en el lado derecho, en la esquina de la calle 29 y la avenida Hoyt, espera allí, ven solo, y si vemos a alguien más contigo, nunca volverás a saber de mí.

"¿Convenido?"

Yo dije: "De acuerdo".

Llamé a mi hermano Jimbo y a mi primo Mambo, que acababan de llegar a casa de la prisión.

"Ustedes estarán estacionados a una cuadra de distancia, con vista clara, de esta cabina telefónica. No quiten sus ojos de mí. Miren a su alrededor y vean qué más está sucediendo. Si me subo a un auto, anoten la tablilla. No me sigan si consiguen la tablilla. De lo contrario, me siguen, pero asegúrense de quedarse bastante atrás", les dije.

Al día siguiente, los envié con binoculares dos horas antes de la hora de la reunión para encontrar un buen lugar para estacionar. Llegué unos minutos antes en mi propio automóvil así que, si estaban observando, podrían ver que estaba solo. Tuve que cambiar mi tablilla con las que robé la noche anterior en caso de que intentaran localizarme. Fui cauteloso para no dejar pasar a estos tipos. Ya sabía que eran peligroso, muy bien conectados. Pero tampoco podía mostrar miedo o intimidación. Dejé en claro que mi único motivo era mi hermana. Aparqué el auto y esperé en la cabina telefónica. Las doce y diez minutos y llegó una limusina a la vuelta de la esquina y se detuvo delante. Cuando la puerta principal se abrió, alguien me dijo que entrara. El chico del asiento trasero me dijo que no me diera la vuelta en ningún momento. Despegaron bastante rápido, doblaron la esquina y continuaron zigzagueando a través del tráfico. Esperaba que los chicos anotaron la tablilla porque no iban a ponerse al día con este auto sin ser notados.

Los primeros minutos de nuestro viaje en automóvil fueron en total silencio. Seguían mirando hacia atrás para asegurarse de que nadie los siguiera. Con la costa despejada, Joe finalmente habló: "Entonces, ¿eres Pepe, el tipo que pasó por todo este trabajo para encontrarme?"

Traté de relajarme, pero estaba un poco preocupado con la idea de recibir una bala en la parte posterior de mi cabeza. Cuando hablé, intencionalmente me volví para mirarlo, pero me dio un puñetazo en el costado de la cabeza y me dijo que la próxima vez que intentara mirar hacia atrás, el resultado iba a ser peor. Me disculpé, pero no antes de echarle un vistazo. "¡Te vi, hijo de puta!", Pensé. Con mi visión periférica, también podía ver bien al conductor.

Joe continuó: "¿Entonces quieres saber sobre tu hermana? Bueno, ella está encerrada en Costa Rica. Fue arrestada con uno de nuestros muchachos que cruzó la frontera desde Panamá con 25 kilos de nuestro producto. Si habla, nunca saldrá con vida de allí".

Le dije: "Si puedo ver a mi hermana, me aseguraré de que no hable. Necesito tu palabra de que me ayudarás a sacarla y conseguirle un abogado. Te doy mi palabra de que nunca tendrás que volver a verla ni preocuparte por ella. Él estuvo de acuerdo. Me dijo en la cárcel en la que ella estaba, y dijo que se pondría en contacto conmigo. El auto se detuvo.

Él dijo: "Sal, camina y no mires atrás". Me dirigí a mi auto y conduje hasta el puente Triboro de regreso al Bronx.

Llamé a mi hermano, se confirmó, obtuvieron el número de placa. Al día siguiente fui a la oficina de correos para solicitar mi pasaporte.

Pasaron unas seis semanas antes de recibir el pasaporte. Reservé el primer vuelo a Costa Rica y comencé a empacar. Aterrizamos en Costa Rica. Tomé mi bolso, caminé hacia la cabina de cambio de moneda y luego tomé un taxi. Le pregunté al taxista dónde había un buen hotel y él me llevó al Hotel Americana en San José. Me registré y fui a la habitación a acostarme un minuto. Me duché, me cambié de ropa para mezclarme con los lugareños y después cené en el hotel. Esperaba desplazarme para hacer algo de turismo antes de irme de aquí. Luego, me fui a la cama. Al día siguiente, finalmente vería a mi hermana. Después del desayuno, tomé un taxi a la cárcel.

Me paré frente a la cárcel "El Buen Pastor"; entré y noté que en su mayoría lo manejaban guardias sin uniformes. Me hizo sentir incómodo. Me registré y les dije a quién había venido a visitar. Un guardia dijo: "La Americanita", y me sonrió. Mi hermana era la única estadounidense allí. Todos solo hablaban español y mi hermana sabía muy poco español. Estaba seguro de que estaba pasando un mal momento. Esperé y los vi operar. Vi cómo buscaron a otros, y me pregunté si me tratarían de manera diferente por ser estadounidense. Esperé a que me llamaran. Apenas me registraron. Parecían estar solo buscando armas o algo grande. Sabía qué tipo de cárcel era esta y ahora realmente me preocupaba mi hermana. Podrías pasar cualquier cosa allí.

Para mi sorpresa, me acompañaron a la oficina del alcaide. Se sentaba detrás de un viejo escritorio y levantó la vista cuando entré. Se presentó en español. Me dijo que mi hermana estaba en muchos problemas y enfrentaba de 25 años a ser convicta de por vida por el crimen de narcotráfico. El sistema de justicia en Costa Rica no respondía con amabilidad al narcotráfico. Dijo que mi hermana no estaba cooperando y que, por lo tanto, tendría dificultades para completar su sentencia. No me gustó su tono. Quería preguntarle qué quería decir con que ella estaría pasando un mal momento, pero me contuve y escuché. Me preguntaba qué demonios estaba haciendo en la oficina del alcaide y qué tenía que ver con su caso. Las cosas no se veían bien.

Pensé que tal vez estaba buscando dinero, así que le pregunté: "¿Qué puedo hacer para que se quede aquí más segura?"

Él respondió: "Te lo dejaré a ti".

La carta que recibí de la cárcel

Metí la mano en el bolsillo y saqué algo de dinero. Vi sus ojos ensancharse mientras le daba quinientos dólares americanos. Le pregunté cuándo podría ver a mi hermana. Llamó al guardia y, antes de irme, dijo: "No quiero ningún problema de tu parte".

Fui llevado a la sala de visitas. Había otras personas allí visitando prisioneros. Miré a mi alrededor y noté que podías hacer lo que quisieras allí porque los guardias no le prestaban atención. Me senté y esperé a mi hermana. Cuando me vio, corrió y me abrazó con fuerza. Los dos empezamos a llorar. Ella no me dejaba ir. Cuando nos separamos, la miré y mi corazón se hizo pedazos. Había perdido mucho peso. Su cara parecía ajada y cansada. Vi el dolor en sus ojos. Estaba muy feliz de verme y me preguntó cómo supe dónde estaba. Le conté sobre su amiga y lo que hice para encontrarla. Ella se preocupó por mí y dijo: "Pepe, no sabes con quién estás tratando". Le aseguré que estaba bajo control y cómo el tipo planeaba ayudar.

Ella comenzó a contarme sobre las malas experiencias que tuvo con las otras chicas porque era la única estadounidense. Las otras mujeres en la cárcel e incluso los guardias intentaron violarla. Desearía poder cambiar de lugar con ella. Me dolía mucho ver a mi hermanita en este estado.

Intenté poner un frente, para no aumentar su dolor, pero me sentí impotente. Desearía haberla llevado a su casa en ese instante y eliminar todo el dolor. Le pregunté si podía contrabandear algo de dinero dentro. Ella dijo que no sería un problema, así que le pasé veinte billetes de cien dólares y diez de veinte que ya había preparado para ella. Le dije que pagara hasta que pudiera ganarse a algunos amigos y, si fuera necesario, que pagara a algunos guardias para que la ayudaran con lo que necesitara.

El dinero era poder en Costa Rica. Un dólar americano valía treinta dólares costarricenses y esos guardias no ganaban mucho. Su falta de uniformes decía mucho. Puede que ni siquiera fueran guardias, sino lugareños que ayudan en la cárcel. Cuando mi hermana se calmó, la interrogué sobre su historia. Se disculpó por todo lo que me hizo pasar. Solo lo hizo porque no quería depender de mí, que ya hacía bastante, así que pensó que, si podía hacer esto y estar a salvo, volvería a casa al día siguiente. Ella confirmó casi todo lo que su amiga me había contado. Ella no sabía nada sobre lo que les sucedió a las otras chicas hasta que el tipo que detuvieron con ella le envió una nota a través de un guardia de la cárcel de hombres cercana. Decía: "Todos fueron arrestados en diferentes países. Creo que fuimos la carnada para que un envío más grande llegara. NO HABLE."

Al contar su historia, mi hermana dijo: "Tenían mi pasaporte. No tenía dinero y no sabía dónde estaba ni qué hacer. Estaba preocupada. Me aseguraron que todo iba a estar bien y él tipo me pidió que le hiciera este favor. Se suponía que solo debía salir con este hombre y no hacer nada. Abordamos este autobús con una maleta que me dieron. Se nos indicó que no lo abriéramos. Cuando cruzamos la frontera, alguien nos encontraría, tomaría la maleta y eso sería todo. Nos daríamos la vuelta y volveríamos a casa. Estaba realmente asustada. No sabía qué había en el caso, pero tenía una idea. El tipo con el que estaba seguía amenazando mi vida si decía o hacía algo para llamar la atención. Tenía miedo de mirar a alguien. El día anterior, en la habitación, trató de violarme y luché contra él. El autobús se detuvo en el lado fronterizo de Costa Rica cruzando Panamá. La policía se subió al autobús, miró a su alrededor, llegó directamente a donde estábamos sentados, y luego un policía pidió nuestros papeles. El tipo tenía sus papeles y los míos y se los entregó. Preguntaron: "¿De quién es esta maleta?"

"Me congelé y el tipo inmediatamente me señaló. Les dije que era suyo. Luego nos escoltaron fuera del autobús y cuando la abrieron vi las drogas. Grité: "¡Eso no es mío!"

Ella lloró y me dijo: "Nos pusieron esposas y mi vida se puso patas arriba. Me he sentido mareada desde entonces. Nos llevaron en diferentes autos a una cárcel donde estuve tres días. Después de eso, me trajeron aquí y he estado atrapada aquí como en un mal sueño. Sabía que esto era un error, pero me dejé llevar por la codicia. Mi vida es un infierno ahora. Herí a mis hijos y a mi familia. Por favor, ayúdame a salir de aquí. No puedo aguantar más, extraño a mis hijos".

Ella lloró por lo que pareció una eternidad. Le aseguré que haría todo lo posible y que no estaría sola. Pensé en la película *Midnight Express*, y escalofríos subieron por mi columna vertebral. Recordé cómo sufrió el chico de esa película y aquí estaba presenciando lo mismo.

Ella continuó: "De una manera extraña, cuando me atraparon fue un alivio estar fuera del control de ese tipo. Constantemente me recordaba lo que estas personas hacen con soplones. Tenía miedo. No sé español, así que sé que estoy siendo manipulada aquí. Siguen obligándome a tomar pastillas que me mantienen aturdida. Algunos días solo quiero suicidarme".

Le dije que aguantara allí, y que necesitaba mantenerse fuerte. Un guardia anunció que las visitas habían terminado. Se aferró a mí con fuerza y me dijo que no la dejara. Fue el momento más difícil para mí. Le dije que estaría cerca y que me quedaría para verla de nuevo. Las lágrimas rodaron por mi rostro mientras me alejaba.

Al salir, pedí ver al alcaide. Poco tiempo después, me dijeron que se había ido por el día. Tomé un taxi y me dirigí a la embajada estadounidense. Le dije a la recepcionista que era estadounidense y pedí hablar con alguien sobre la seguridad de un miembro de la familia. Me llevaron a una habitación para esperar.

Entró un caballero, se presentó y me preguntó qué podía hacer por mí. Escuchó atentamente mientras yo comenzaba a explicar el caso: "Mi hermana fue arrestada por tráfico de narcóticos a través de la frontera hacia Costa Rica. Ella está en una cárcel predominantemente de guardia masculina. Ha habido algunos intentos de violación tanto por parte de los guardias como de los internos. La tienen con algunas drogas que parecen zombis. La obligan a alimentarse. Ella no es muy sana y temo por su vida. Necesito tu ayuda". Se identificó conmigo y luego tomó mi información. Dijo que lo investigaría y que me llamaría.

En el camino de regreso al hotel, noté que me seguían. Le pedí al taxista que hiciera dos giros a la izquierda y luego a la derecha. Se confirmó que me estaban siguiendo. No estaba seguro de quién me seguía y por qué. Pensé que fue la gente del alcaide quien envió a sus matones para vigilarme. Estaba caminando por un camino resbaladizo y tuve que tener cuidado con lo que dije o hice. Me preguntaba qué conexión había con el alcaide y el caso de mi hermana. ¿Por qué estaba tan preocupado por hacer la declaración que hizo? ¿Era él también el juez y el jurado? En algún momento, perdimos la cola y nos dirigimos al hotel. Cené en el hotel y luego me fui a dormir.

Al día siguiente fui a dar un paseo por la ciudad. Vi que había mucha pobreza. Costa Rica era un lugar hermoso, la gente era muy humilde y siempre estaba dispuesta a ayudar. Cuando regresé al hotel, recibí un mensaje de la embajada. Fui a mi habitación, tomé el teléfono y marqué el número. Me dijeron que, debido a la naturaleza grave del crimen, no podían hacer mucho por mi hermana. Por lo tanto, no pudieron involucrarse. Sin embargo, podrían vigilar su seguridad y brindarle tratamiento médico. Me dijo también, que tuviera cuidado porque "no les importaban los estadounidenses aquí" y si necesitaba algo que los llamara. Le agradecí y colgué.

Recordé que mi hermano mayor, por el lado de mi padre, tenía una ex esposa de Costa Rica con un hijo y que vivía allí. Decidí llamarlo. Tengo su número y llamé. Su ex esposa respondió y me pidieron que viniera y me quedara con ellos. Salí del hotel y tomé un taxi allí. Me dieron la bienvenida y me trataron tremendamente bien. Conocí a mis sobrinos por primera vez. Estaba preocupada por mi seguridad, así que decidió ser mi acompañante, y mostrarme Costa Rica. Me subí al autobús local para explorar y me dirigí hacia las montañas donde vi el volcán más grande del país. Allí estaba en el borde de este volcán mirándolo; nunca había visto uno en persona. Fue increíble. No había mucha gente alrededor, así que decidí ir más allá de la cuerda de barrera para ver mejor. Me acerqué tanto que, en un momento, me resbalé y caí, acercándome al borde. Eso me asustó muchísimo. Salí de allí, subí al autobús y volví. Que hermoso país. A la mañana siguiente, me desperté con un día encantador y decidí que iba a la playa. Allí estaba en una de las playas más hermosas que había visto. Me pareció inusual que no hubiera nadie a la vista en millas. Me desnudé a tope y corrí hacia el agua para ser uno con la naturaleza. Era como si la playa fuera toda mía. Me acosté en la arena, cerré los ojos y le agradecí a Dios por este momento. Me quedé allí y vi el sol ponerse.

Al día siguiente volví a visitar a mi hermana. Cuando la vi, ella parecía más relajada y feliz. Ella me dijo que un médico de la embajada vino a verla. La examinó y le dijo que le ofrecerían atención médica. Además, le habían dado privilegios telefónicos. Le conté sobre mi visita a la embajada. La visita fue agradable, así que decidí no compartir nada que alterara su estado de ánimo. Me alegró verla de buen humor. Parecía que ella estaba haciendo amigos. Ella me presentó a algunas chicas; esa fue una buena señal. Estaba un poco más aliviado. Las horas de visita habían terminado. Lo último que le dije fue que tuviera cuidado y que no confiara en nadie.

Después de las horas de visita, me llevaron a la oficina del alcaide. Levantó la vista de su escritorio y dijo: "Te dije que no empezaras ningún problema. No debes volver aquí y te recomiendo que abandones este país de inmediato por tu seguridad y la de tu hermana ".

Me quedé estupefacto por lo que estaba diciendo. Me subí a un taxi y llamé a la embajada estadounidense. Me dijeron que era ciudadano estadounidense y que cualquier cosa que me sucediera allí tendría repercusiones, pero no podrían brindar seguridad a mi hermana ni a mí. Le dije a mi cuñada y ella se preocupó. No quería poner en peligro a su familia ni a ella, así que les dije que me iba. Recogí mis cosas y me dirigí al aeropuerto. De nuevo, estaba seguro de que nos seguían. Solo que esta vez, necesitaba que me vieran irme.

Aterricé en JFK y me fui directo a casa para reagruparme. Esa noche recibí una llamada de mi hermana y le conté lo que pasó con el director. Ya lo había escuchado porque uno de los guardias con los que se hizo amiga le contó lo que pasó. Le aconsejé que fuera cuidadosa y extremadamente cautelosa. Le di el número de nuestra cuñada para cualquier emergencia o si necesitaba algo. Al menos ahora tenía a alguien allí para ella y eso me dio consuelo. Ella me informó de su próxima cita en la corte y esperaba que pudiera quedarme allí con ella, pero ella entendió. Le dije que no se preocupara y que me encargaría de las cosas desde aquí. Le dije que la amaba y le dije adiós.

Pasó el tiempo y no escuché nada del tipo que metió a mi hermana en este desastre. Prometió que llamaría. Eran las 5:00 de la mañana y decidí hacer un viaje a Queens en busca de esa limusina. Empecé desde la cabina telefónica donde me recogieron y fui bloque por bloque. No fue sino hasta las 7:30 am cuando vi una limusina estacionada en la calle que se parecía a la suya. Al acercarme, vi que la etiqueta era la misma que me había dado mi hermano. Me quedé más atrás en la calle para que no me vieran. Esperé y, a las 7:45 am, vi a una señora con un niño salir del edificio de dos pisos cuando el conductor salió para abrir la puerta del auto. Era el mismo conductor que vi ese día. Pensé "¿Qué suerte puedo tener? Gracias Dios".

El tipo probablemente estaba en la nómina como conductor, y probablemente no sabía nada más que lo que escuchó mientras conducía. Seguí el auto. Se detuvo en una escuela donde dejaron al niño. Ahora sabía a dónde iba su hijo a la escuela. El automóvil regresó a la misma dirección, y la señora salió. El conductor salió y le abrió la puerta y ella entró. Una vez que el auto se fue, decidí entrar al edificio. Busqué los nombres en el buzón. Vi uno con un nombre español. Asumí que tenían que ser ellos. Comencé a abrir la segunda cerradura de la puerta de entrada, entré, subí las escaleras hasta la puerta y escuché. Todo estaba bastante tranquilo, excepto el agua corriente posiblemente del fregadero de la cocina. Me arriesgué y llamé. Ella abrió la puerta, era la misma dama. Me presenté.

Le dije: "Estoy buscando a Joe.

Ella preguntó: "¿Mi marido?"

"Sí", respondí.

"¿Eres amigo suyo?", preguntó ella.

"No, pero es urgente que hable con él". Le dije.

Me dejó entrar, me dirigió a la sala de estar y me preguntó si quería un café. Miré a mi alrededor y lo primero que vi fue una foto en una chimenea. Fue él. Le conté la historia de todo lo que sucedió sin mencionar que fue culpa de su esposo o de sus 25 kilos. Lo lamentaba mucho, pero no estaba segura de que tenía que ver con su esposo. Le dije que estaba aquí buscando su consejo y su ayuda porque estábamos desesperados. Ella me dijo que cuando volviera, se aseguraría de avisarle. Le dejé mi número y le agradecí. Ahora sabía dónde vivía. Seguramente me llamaría.

Apenas volví, sonó el teléfono. Reconocí la voz. Le respondí: "¿Cómo estás, Joe?"

El tono de su voz había cambiado cuando dijo: "Veo que te gusta tocar puertas, solo que esta vez tocaste la puerta equivocada. Si alguna vez vuelves a acercarte a mi familia o a mi hogar, me aseguraré de que tu hermana, tú y toda tu familia desaparezcan".

Reduje la velocidad y le dije: "Oye, no escuché nada de ti y me disté tu palabra. Mi hermana no está hablando y tiene una cita en la corte próximamente, así que necesitaba encontrarte. Quiero saber si tu palabra es buena y si vas a ayudarla".

No estaba seguro de qué más hacer. Ahora finalmente había adquirido toda esta información y no podía hacer nada. No tenía el poder para enfrentar a este tipo, y no pude proteger a mi hermana. Sabía que hablaba en serio, y lo entendí porque si alguien viniera a mi casa donde vivía mi familia, sentiría lo mismo. Decidí dejarlo ir. Hasta que se me ocurrió una idea de cómo usar esto; estaba solo. Reservé un vuelo y regresé a Costa Rica con algo de dinero. Sabía que tendría que engrasar algunas palmas.

Busqué a un abogado que me había dicho que conocía personalmente al juez y al fiscal de distrito, pero tomaría algo de dinero, como si no lo esperara. Le di mi número al hotel y salí a almorzar. Me reporté con mi cuñada y le dije que estaba en el país. Le expliqué que necesitaba mantener un perfil bajo y que no podía ir a la cárcel. Ella estuvo de acuerdo en visitar a mi hermana y encargarse de las cosas aquí; me sentí verdaderamente bendecido de tenerla allí. Al día siguiente, el abogado me llamó al hotel y me informó sobre su conversación con el fiscal de distrito y el juez. Me dijo que tomaría veinte mil dólares estadounidenses y que mi hermana quedaría en libertad. Tomé un taxi a su oficina para hablar. Me aseguró que podría encargarse de eso. Le di la mitad del dinero por adelantado y la otra mitad cuando llegaron. Nos dimos la mano y me fui. Lo bueno es que traje veinte mil dólares más, un poco más para gastar. Era una buena suposición sobre lo que pedirían la mayoría de estos abogados penales. Sabía que tenía gente allí, en caso de que pensaran en joderme. No tuve elección. La fecha de corte de mi hermana estaba a dos días de distancia, y quería creer que ella vendría a casa conmigo.

Ese día me levanté muy temprano y me dirigí al juzgado. Mi hermana fue el segundo caso en el calendario. Me senté en el primer caso y mi nivel de ansiedad aumentó. Vi que cuando salió, mi corazón comenzó a acelerarse cuando nos miramos y sonreímos. El fiscal de distrito revisó la gravedad del delito. Dijo que este cargo llevaba un máximo de 25 años y que lo mínimo que ofrecerían era quince años. El juez habló y le preguntó a mi hermana si estaba preparada para declararse culpable y tomar quince años. No podía creer lo que estaba escuchando. Estaba siendo encarcelada. Ella me miró con incredulidad por alguna dirección o señal. Sacudí la cabeza para decirle que dijera "No". Ella comenzó a llorar y me volví loco. Le aseguré que tenía esto, y que no se preocupara. Luego se la llevaron. El abogado intentaba detenerme y controlarme. Estaba tratando de contenerme para no asfixiarlo. Me llevó afuera y me explicó lo que sucedió, asegurándome que hablaría con ellos. Le dije que mejor me devolviera el dinero, de lo contrario no iba a ser bonito.

Esperé toda la tarde. El abogado regresó y me dijo que el juez y el fiscal de distrito se enteraron de que había más personas involucradas y que otras chicas fueron arrestadas en México. Dijo que otras personas estaban haciendo preguntas, por lo que tenían que tener cuidado, si tomaran tanto dinero. Lo mejor que podían hacer era darle cinco años. Había un riesgo que me costaría otros cinco mil dólares, y lo necesitaban por adelantado. Estaba siendo estafado. Me sentí impotente. ¿Quién puede decir que esto no podía volver a suceder? ¡Malditos criminales! Antes de golpear a aquel imbécil en la cara y encerrarme, salí de allí y me dirigí a un bar local. Regresé cuando estaba un poco más tranquilo y le dije que esta vez necesitaba algo de tranquilidad porque sabía que me estaban estafando. Me dijo que no me preocupara que lo hiciera, y si no, me devolvería el dinero. Dijo que me llamaría cuando tuviera alguna noticia. Decidí pasar el rato en la corte, ver al abogado mientras se iba y seguirlo a casa. No iba a ser tan fácil.

Regresé al bar para desestresarme. Allí conocí a una mujer. Hablamos, tomamos unas copas y luego los dos volvimos al hotel. Quería ahogarme y adormecer mi dolor. Tuvimos sexo, luego ella se fue. No tuve elección. Necesitaba correr el riesgo, pero no tenía el monto total conmigo. Llamé al abogado y le pedí una cuenta para transferir el dinero. Siguió tratando de justificar la escala del caso, pero me aseguró que todo estaría bien. De plano le dije que era mejor y le advertí que no se jodía conmigo. Llamé al aeropuerto y reservé un vuelo de regreso a casa. Fui directamente al banco donde tenía mi caja de seguridad e inmediatamente conecté quince mil dólares. La idea era prematura, pero estaba pensando en cómo me vengaría de ellos si me volvían a joder. Tres semanas después, mi hermana tuvo una misteriosa cita en la corte de la que nadie sabía nada. Allí fue sentenciada a cinco años.

Ella y yo hablamos mientras le aseguraba que estaría bien y que no se preocuparía por nada en casa y que me encargaría de todo. Ella dijo que estaba bien, me dio las gracias y me dijo que estaría bien. En su voz, sentí que me estaba diciendo la verdad. Esto me dio un gran consuelo. Mi cuñada fue un gran apoyo. Ella prometió estar allí para hacer todo lo que pudiera. Seis meses después, mi hermana me dijo que la cárcel ahora estaba dirigida por monjas. Fue la mejor noticia que escuché durante todo el año. Supongo que ir allí y hacer ruido valió la pena.

CAPITULO 12

Seville: La Caída

Gangster con pistola

Los siguientes años fueron bastante duros para mí. La salud y el estado mental de mi madre seguían empeorando. Ella había estado sufriendo por un tiempo de un derrame cerebral que la dejó paralizada, desde que Papi murió unos años antes. Mamá dejó de ser la misma. Se notaba que estaba sola sin su compañero de más de cuarenta años. Aunque tenía problemas con la bebida, él amaba a mi madre. Ahora que él se había ido y todos sus hijos crecieron y vivían sus propias vidas, el perder su apartamento y ahora teniendo extraños cuidándola, se sentía sola y sin una razón para vivir. Vi el dolor en sus ojos cuando se perdió en un pensamiento o se fue a otro mundo del que nunca regresó. Mi hermano la bañaba cuando el asistente no estaba cerca y eso la avergonzaba. Se sentía humillada e impotente. Me sentí muy mal por ella. No estoy seguro de poder hacer eso, e incluso pensarlo me daba vértigo.

Un día le pregunté cómo estaba y ella respondió: "Quiero morir". Lloré, ella lloró. Lo único que podía hacer era abrazarla porque entendía su dolor. Allí estaba, en una pequeña y extraña habitación en un barrio diferente con un televisor y una cama de hospital de la que no podía salir cuando quería. Se quedaba allí mirando al techo mientras las paredes se cerraban sobre ella. Ella se sentía desesperada. No quedaba nada para ella. Ella me contó sobre una póliza de seguro que me dejó y en ese momento, sabía que ella se tomaba en serio la verificación. Por primera vez, se me escaparon las palabras cuando estuve allí; la abrazaba para brindarle cualquier consuelo que un niño pudiera darle a su madre. Se me partió el corazón cuando me fui triste. Perdida en la emoción, mi cabeza giró. Me sentí como si estuviera en otro mundo. No pude soportar el dolor y caminé afuera. Me senté en el porche y lloré. Esa fue la última vez que la vi consciente. Ella cayó en coma y nunca salió de ella. Dos semanas después murió mi madre. Creo que ella se rindió y estaba tratando de prepararme para eso. Mi vida cambió para siempre en muchos niveles. Su muerte me golpeó más fuerte.

Mis hermanos y yo nos reunimos para discutir cómo le diríamos a nuestra hermana Cindy, que todavía estaba en una celda de la cárcel costarricense. A solas, suicida y desamparada en un país extranjero, no pensamos que ella sería capaz de manejar las noticias. Tomé la decisión de no decírselo. Pasaron los meses, y cuando llamaba para preguntar por mamá, inventábamos excusas, ya sea que estaba durmiendo, que no se sentía bien, estaba en una cita o con el asistente del hogar. Después de un tiempo, lo encontró sospechoso y ya no aceptó las excusas. Ella sabía que algo andaba mal y quería saber la verdad. Fue la esposa de mi hermano quien cedió y le contó lo sucedido. Como sospeché, ella no lo manejó bien. Pasé mucho tiempo llamando a la institución tratando de hablar con ella. Me dijeron que estaba tomando medicamentos que la mantenían somnolienta. Le dejé mensajes para que me llamara cuando pudiera, pero nunca lo hizo.

Pasaron algunos meses cuando finalmente supe de ella. Estaba muy herida y enojada conmigo por privarla del derecho a saber sobre la muerte de mamá. Ella se negó a aceptar mis disculpas y no me habló durante algún tiempo. Viví con la decisión que tomé durante mucho tiempo mientras mi corazón se hacía pedazos. Era una cosa que siempre deseé haber hecho de manera diferente.

Me puse a pasar el rato con mi primo Mambo. Él era un loco. Corrimos por el Bronx, donde todos sabían su nombre. Era un buen bailarín de salsa, así fue como obtuvo su nombre. Solía correr con algunos grandes jugadores. Tenía un gran respeto en las calles. Mucha gente le temía y muchos más lo querían muerto. También me conocían un poco; tenía un poco de respeto y me conocían como Pepe *Seville*. La gente me identificó con el Cadillac *Seville* que conducía y el nombre se quedó. El dicho era: "Ahí van Mambo y *Seville*, los hermanos; si jodes con uno, tienes que joder con el otro".

Me absorbió de nuevo el mundo que había luchado tan duro por evitar. Esta vez el precio era más alto. Dos delincuentes que se unieron; nuestra imaginación se volvió loca. Si nos hubieran atrapado cometiendo algún delito, iríamos tras las rejas por un buen rato. Comenzamos a recorrer las calles delinquiendo y drogándonos. Me habían disparado dos veces en mis propias batallas, pero parecía que Mambo tenía nueve vidas. Tenía agujeros de bala en todo el cuerpo. Estaba caminando con un solo riñón debido a un disparo que le arrancó el estómago. Tenía una novia en el Harlem hispano llamada Marleen. Ella trabajaba en el Hospital de Harlem, donde se conocieron cuando él entró por un disparo. Ella vivía en los proyectos de vivienda de Jefferson en Lexington y la calle 112.

Mambo y yo

Yo quería mucho a Marleen y nos llevábamos super bien. Pasé muchos días en su casa. Un día en la casa de Marleen, Mambo y yo salimos a comprar algo de droga. Tenía poco más de treinta años la primera vez que intenté esnifar droga. Cuando estaba vendiendo droga en las calles, la cortábamos para hacer más. Usualmente le dábamos a alguien para que la probara inyectándosela y luego nos decía si estaba buena. Una vez pensé que el tipo estaba mintiendo cuando dijo que la droga era débil. Algunos dirían eso, solo para obtener más droga de gratis. Entonces, para ver si decía la verdad, decidí averiguarlo por mí mismo y esnifé un poco. Recuerdo haber vomitado, y odiar cómo me sentí. Quería patearle el culo al tipo por mentirme. Lo que recuerdo es cómo me quitó el dolor de espalda que llevaba tiempo eligiéndome. Respetaba mucho la heroína y vi de primera mano lo que les hacía a los demás; se apoderaba de toda tu vida una vez permitías que hundiera sus dientes blancos en tu sistema.

Mi plan era usarla solo cuando me dolía, y asegurarme de no hacer tres días seguidos para no engancharme. Me empezó a gustar cómo me hacía sentir. Era como un tranquilizante mágico y me quitó todos mis problemas. Fue mi escape de la realidad, pero el escape no duraba mucho, y me encontré usándola todos los días para sentirme bien. No lo vi como un problema porque tenía dinero y mucha droga disponible, pero después de usarla por un tiempo, comenzó a poseerme y me obsesioné con ella. Entonces, comenzaron los problemas. Toda mi disposición y actitud cambiaron. Me convertí en Jekyll y Hyde y ahora necesitaba la droga solo para sentirme normal. Aunque sucedió con el tiempo, las cosas comenzaron a ir cuesta abajo desde ese instante.

Una vez, Mambo y yo entramos en un pasillo en la calle 109, y tan pronto como los chicos nos vieron, comenzó la conmoción y salieron las armas; nos estaban disparando. Grité: "Aguanta, aguanta; ¿Qué demonios está pasando?", mientras me escondía detrás de un pequeño pedazo de pared cerca de la puerta de salida a la calle y que nos protegía de los disparos. Seguí gritando: "Detente, detente", mientras intentábamos decidir cuándo salir corriendo. No sé cómo salimos de allí sin ser baleados, pero para salvar nuestras vidas, tuvimos que salir corriendo y saltar sobre un auto estacionado mientras los disparos sonaban. Estábamos atrapados, y si no fuera por un coche de policía que pasa, estaríamos muertos. Era la primera vez que estábamos felices de ver a la policía. Los policías notaron que Mambo había recibido un disparo en la pierna y fue llevado de urgencia al Hospital Harlem. Se convirtió en un peligro pasar el rato con él. Había hecho mal a tanta gente que nunca supe si estaban disparando por él o por mí. Nunca descubrimos por qué nos dispararon, pero supuse que era alguien a quien había hecho mal. Pensamos en volver a ocuparnos de los negocios una vez que Mambo mejorara.

Mi vida estaba fuera de control. Un día desperté y no me sentía bien. Pensé que me estaba resfriando y decidí quedarme en la cama. A medida que avanzaba el día, empeoré. Mambo me llamó: "Hermano, ¿qué estás haciendo?"

Le dije: "Estoy en la cama sintiéndome como una mierda".

"¿Cuándo fue la última vez que tomaste algo de droga?", preguntó.

"Ayer por la mañana", respondí.

"Hermano, estás muy enfermo", dijo. "Llego en un momento".

Eran como las 5 de la tarde y todavía estaba en la cama temblando, sudando un río, pero frío como el hielo, goteo nasal y calambres. Cuando vino, sacó una bolsa de droga y me la entregó. Abrí la bolsa y, con solo el olor, inmediatamente me sentí mejor. ¡Me enganché con esa mierda! ¿Por qué demonios comencé a jugar con estas cosas? ¡Esto es en lo que se había convertido mi vida!

Temía quedarme sin dinero, entonces comencé a invertir en grandes cantidades de heroína para vender en la calle. Tuve tres puntos de venta: uno en 184 y Morris Avenue, ~~la~~ otra en 184th Street y Briggs y uno en Newark, New Jersey. Mi vida se consumió con el ajetreo. Lo necesitaba para seguir con vida, mantener mi hábito y permanecer en el juego. Todo conllevaba mucho tiempo: conseguir, cortar, embolsar, sellar y encontrar a otros para venderla. Encontré a los trabajadores más baratos: los adictos al crack. Después de unos días de estar bien se desaparecían. Qué esperaba. Pasaba más tiempo buscándolos en casas de crack que lo que pasaba operando el negocio. Fue un desastre. Cerré la tienda en el Bronx y me quedé con Nueva Jersey, donde recibía $12 por bolsa. Pero cuando el tipo que previamente controlaba este lugar salió de la cárcel exigiendo un corte, comenzamos a tener problemas. Tuvimos una pelea territorial a puñetazos, pero cuando lo jodí, no pudo soportarlo y regresó con la pistola más larga que había visto en mi vida, una mierda del *Salvaje, Salvaje Oeste*. Nos persiguió, y ese fue el final de Nueva Jersey. Ahora estaba jodido.

Necesitaba un producto rápido y mi dinero no era mucho, así que contacté a mi conexión de cocaína colombiana que conocí en la cárcel. En ese momento, los colombianos comenzaron a explorar con heroína porque la ganancia era mayor que la cocaína. Hice un viaje a Queens para verlo. Me ayudó con unas onzas de heroína. El producto era tan débil que no se podía cortar e incluso en su forma más pura, nadie lo quería. Lo llamé para que me devolviera las cosas, antes de que realmente jodiera esto y terminara con una "corbata colombiana". Tal como estaba, tuve que explicar por qué se había ido una buena parte. La verdad es que debido a que era tan débil, tuvimos que seguir experimentando y dando muestras. Tenía que haber sabido que este producto era basura y pensó que podría pasarlo a algún tonto. Puse mi arma en la parte trasera de mis pantalones, mientras esperaba su llegada. Escuché el golpe en la puerta y me levanté para abrirla. Nos sentamos y comencé a contarles lo que estaba sucediendo y cómo me sentía. Se calentaron cuando les dije esto, y en ese momento comencé a preocuparme cuando la otra persona que estaba con él comenzó a mirarme con esa cierta mirada, haciéndome saber que la cagué. A regañadientes, recuperó su producto, y después de decirme un montón de mierda, me liberó, y ese fue el final de nuestra relación. Qué alivio fue eso, pensé que iban a tratar de matarme. Cuando se fueron, saqué mi arma, me senté y, con la pistola a mi lado, me dije: "No puedo seguir haciendo esto".

Me estaba desesperando, así que fui a ver una de las conexiones más grandes en el Bronx que Harry y yo conocíamos. Debido a nuestra reputación, él me regaló una onza pura para que pudiera ponerme en pie. Esto me iba a parar de nuevo. Lo puse en la calle, pero había mejor mierda por allí, así que mi producto no se movía; no eran las mismas cosas de calidad de las que estaba hecha su marca; así que me dio otra mierda "¿Qué les pasa a estos tipos?", dije. "Dan la mierda que otros les dan y que no pueden mover". Estaba enojado. Fue mi último tiro y fallé.

El dinero estaba bajo. Mi energía se gastó en obtener, usar y encontrar más medios para obtener drogas. Estaba pendiente de mi viaje y mi nombre, y pronto, incluso eso no tenía ningún peso. Comencé a colocar los otros puntos de droga para mantener mi hábito, hasta que ni siquiera pude caminar en una cuadra sin que la gente ya supiera quién era; me estaba haciendo pasar un mal rato. Lo perdí todo. Llegué a un punto bajo y me avergoncé de mí mismo, y ahora tenía este mono en mi espalda. Hombre, ¿hasta dónde puede llegar el orgullo? Traté de salir cortando mi uso, pero eso se volvió difícil como el infierno. No podía lidiar con los síntomas de dejar el hábito, pero quería y necesitaba parar. Todo en mi existencia ahora dependía de la heroína. Me iba a la cama pensando en las cosas y me despertaba pensando en eso. Nada más importaba excepto el siguiente; incluso la vida y la familia pasaron a un segundo plano. Sabía que, con ayuda, podría sacar esas cosas de mi sistema, pero solo algún tipo de dios podría sacarlas de mi alma y mente. ¡Ya no era yo!

Perdí el apartamento que una vez perteneció a mi hermana antes de que la arrestaran, y ahora estaba sin hogar. No quería ocupar a nadie en mi familia o dejar que me vieran así. Pasé muchas noches durmiendo en mi automóvil o buscando a una mujer a la que pudiera apresurar una comida, una ducha y un lugar para dormir, a cambio de sexo. No siempre me gustaron algunos de los lugares en los que me despertaba, pero ese era el precio que tenía que pagar. Era una prostituta y vendí mi alma al diablo por poco dinero.

Una vez fui a casa con esta mujer y me quedé allí todo el fin de semana. Incluso cuando estaba cansada, todo lo que quería hacer era joder todo el día, cada momento de vigilia, mientras yo solo quería asentir y relajarme. No me atraía tanto y ella se estaba volviendo molesta. Cuando llegó el lunes, me dejó durmiendo y se fue a trabajar. Había planeado no estar allí cuando ella regresara. Me di una ducha, comí y luego me fui. Cuando llegué a la puerta, me di cuenta de que tenía una cerradura de cilindro de dos llaves y todas las ventanas tenían puertas con cerraduras. Busqué llaves, pero no encontré ninguna. Busqué herramientas para romper las cerraduras, pero no había ninguna. Estaba atrapado y me aterrorizó. ¡Necesitaba una solución! Me convertí en un esclavo sexual a merced de una mujer que no conocía. No fue como imaginé las cosas. Llegué a otro punto bajo. Estaba lleno de culpa y vergüenza. Vi algo de televisión y esperé hasta que ella regresara, lo que pareció una eternidad. Cerró la puerta detrás de ella con las llaves y las colocó en su bolso. Fui cordial y actué como si todo estuviera bien. Le dije que iba a la tienda, sacó las llaves y abrió la cerradura. Subí por la calle para comprar algo de droga y nunca volví.

Un día mi cuñado Sal y yo fuimos a comprar un poco de droga. Me faltaba un dólar y el tipo no me daba la bolsa por la cantidad que tenía. Me volteé a mi auto, saqué una Uzi y comencé a agitarlo en toda la cuadra. Todos se dispersaron. La gente gritó y corrió hacia el edificio. Noté que la conexión observaba lo que estaba pasando. También se volvió y corrió hacia un edificio. Corrí hacia él y lo perseguí escaleras arriba. Lo vi entrar a un apartamento, así que golpeé la puerta. Su esposa abrió la puerta llorando de miedo.

Ella rogó: "Por favor, por favor no nos lastimes. Tengo hijos aquí". Le dije: "Dile que salga o entraré a buscarlo". Salió con drogas en la mano y dijo: "Toma, tómalo, pero deja a mi familia sola, por favor". Le dije: "Para eso no estoy aquí. Estoy aquí por falta de respeto. Sabes quién soy aquí, sin embargo, elegiste faltarme al respeto. Se disculpó conmigo y me dio algo de droga. Le quité la droga de la mano y me fui. Abrí algunas bolsas y resoplé la droga antes de abandonar el edificio.

Me subí a mi auto y luego noté que los policías me perseguían. Sal comenzó a entrar en pánico. Alguien se había burlado de mí. Aceleré la avenida Morris, y se produjo una persecución en automóvil. Bajamos las ventanas y tan pronto como doblamos la esquina, él arrojó su arma y yo hice lo mismo, pero la policía las encontró a ambas. Monté en las aceras para sortear los obstáculos. Finalmente, llegué a un punto muerto cerca del patio de la escuela en Creston Avenue. Salté del auto, lancé mis manos al aire y caí al suelo. Ambos estábamos esposados, pero a mí me patearon en la cara, la cabeza, el pecho, las costillas y me golpearon en la cabeza con el bastón. Mientras estaba en la patrulla, el oficial continuó golpeándome en la cara y la cabeza. Caí dentro y fuera de la conciencia cuando me golpeó de nuevo y tiró de mí para que volviera a hacerlo. Me veía tan mal mientras estaba en la celda, que mi cuñado puso mi cabeza en su regazo para consolarme. Había sangre por todas partes. Los paramédicos vinieron y me remendaron. No fue hasta que llegué a la cárcel que se dieron cuenta de que todavía estaba sangrando y me cosieron de nuevo. Me colocaron en la cárcel del condado del Bronx. Me dolía tanto que no podía ver por ningún ojo y necesitaba una escolta en la cárcel que me acompañara.

Aquí me encostre

No solo me dolía la paliza del policía, sino que al día siguiente comencé a enfermarme por falta de droga. Estaba viviendo un infierno. Tenía diarrea, los vómitos, los sudores fríos, todos esos síntomas terribles volvieron con más fuerza. No hay palabras para describir lo que estaba pasando, pero sabía que quería morir y eso es lo que pensé que estaba sucediendo. Después de tres días, comencé a sentirme un poco mejor, pero aún estaba muy débil. Dios hizo por mí lo que yo no podía hacer por mí mismo; me salvó la vida, no más, ¡nunca más! ¡Morir es más fácil que esto! Estaba feliz de estar en la cárcel y fuera del alcance de una bolsa de droga.

Toqué fondo. Llegué al punto más bajo en mi vida. ¿Cómo llegué a esto? Aterroricé a una familia e hice todo esto por respeto, el que perdí, todo por mi culpa. Mi imagen había sido destrozada. Ya nadie me respetaba ni temía y me sentía terrible.

Me enteré de que el oficial que me arrestó en el recinto local en el Bronx era el detective Frank Lavoti, el mismo policía que en 1994 ahogó y mató a un niño llamado Anthony Báez después de que un balón de fútbol golpeó el parabrisas de su patrulla. Este fue llevado a juicio y declarado culpable de asesinato. Fue sentenciado a quince años de cárcel e incluso otros policías fueron arrestados por tratar de encubrir la historia. Cuando mejoré, procedí a iniciar una demanda contra él y el departamento de policía por la paliza excesiva. Ningún abogado tomaría el caso porque ya estaba encerrado. Entonces, no solo entregué mi libertad una vez más, sino que corrí el riesgo de quedar ciego. Este tipo nunca debería haber sido policía y la única restitución que obtuve fue que fue condenado y su carrera se fue al infierno. No recuerdo un momento en que me detuvieran y la policía no me daba una buena paliza o me rompía la cabeza con una linterna de seis baterías.

Aumenté un poco de peso en prisión y estaba mejor. Escuché de mi familia que mi hermana fue liberada de la cárcel en Costa Rica. Ella y mi hijo Anthony me visitaron en la cárcel. Fue difícil. Fingí estar bien, pero en el fondo me dolía. Yo estaba avergonzado. Me sentí como un perdedor. Ahora estaba tratando de hacerme sentir mejor. Me sentí en conflicto. Estaba feliz de que fuera una visita corta. Antes de irme, le dije que nunca más me visitara allí. Regresé a mi celda y lloré como un bebé. Lo que más quería era darle la bienvenida a su casa algún día, no que me visitara en la cárcel.

Hice una súplica y fui sentenciado a un plazo de 2 a 4 años y me enviaron al norte del estado para cumplir mi condena. Esta vez fue diferente porque casi sentí que estaba siendo rescatado. Estaba realmente cansado, me sentía apaleado. Me enviaron a las instalaciones correccionales de Altona. Allí jugué softball para ocupar mi mente. Asistí a mi primera reunión de Narcóticos Anónimos. Sé que necesitaba mirarme a mí mismo y estaba listo para trabajar en ello. También asistí a una clase al Programa de Abuso de Substancias Alcohólicas (ASAP) que abordaba los problemas de adicción y recuperación. Después de algunos meses allí, le caí bien al consejero civil y me preguntó si quería trabajar con él en la clase como su asistente de consejero. Puso una recomendación, y se convirtió en mi trabajo en la cárcel. Justo cuando las cosas se ponían bien, sin que yo tuviera una pista, fui transferido, lo que realmente me molestó. Terminé en el Centro Correccional de Washington, donde ni siquiera los CO tenían el control, y no me importaba. Intenté mantener la calma y alejarme de toda la mierda de la cárcel. De lo único que hablaban todos adentro era de ese gran golpe o de obtener un paquete después de salir que pudieran convertir en dinero. Había recorrido ese camino muchas veces, y sabía que era un sueño muerto sin final feliz; los resultados eran siempre los mismos: "cárcel, instituciones o muerte". Muy pocos tipos abandonaban el juego para continuar una vida feliz, alegres y libres en una isla remota bebiendo gin-tonic. Todo era una ilusión, una fantasía. El juego en sí es una adicción y la mayoría de la gente que lo jugaba terminaba mal.

Antes de salir

Me pusieron en libertad condicional por buen comportamiento después de dos años. Era 1991. En ese momento, a los 33 años, había pasado más de un tercio de mi vida dentro y fuera de las cárceles e instituciones. Aunque se sentía bien el ser liberado, me preocupaba a dónde iría ahora, ya que estaba sin hogar una vez más. Llamé a mi hermana menor, Cindy, y afortunadamente pude quedarme con ella y su nuevo esposo por un tiempo. Incluso me dieron la bienvenida con una gran fiesta puertorriqueña con familiares y amigos. Teníamos arroz, frijoles, bistec y ensalada, lo que me hizo sentir tan bien, ¡cómo extrañaba eso!

Libertad

Mi hermano Ed y yo celebrando

Al fin, mi hermana chiquita libre y yo también

Busqué a algunos de los muchachos, me llevé un botín y pude dar el depósito de un apartamento en Pelham Parkway en el Bronx. Llevé el contrato de arrendamiento al departamento de asistencia social y me ayudaron a mantenerlo. Era de un dormitorio y bastante espacioso, probablemente demasiado espacio para la poco que tenía. Encontré un armazón de cama usado muy barato y compré un colchón y estuve bien. Definitivamente mejor que estar en la cárcel. Todo lo demás vendría con el tiempo. Compré una motocicleta que se convirtió en mi nuevo medio de transporte y comencé a asistir a reuniones de Narcóticos Anónimos (NA). Lo estaba haciendo bien. Conseguí un trabajo en el distrito de la moda, vendiendo ropa de mujer. Comencé a viajar, asistiendo a desfiles de moda desde Las Vegas a Miami y todo lugar intermedio. No pagaba mucho, pero con la comisión sobre ventas, no estaba mal. Cuando no estaba en un espectáculo, estaba en la tienda. Siempre fui muy buen conversador, lo que me convertía en un buen vendedor, y cuando estaba drogado, podía hablar sobre todo y no había nada que no pudiera vender.

Todavía sufría con mi dolor de espalda por todos los viajes de trabajo. Después de aproximadamente un año de estar limpio, me encuentro con un amigo del barrio que estuvo encerrado conmigo. Al estar tan cerca de la cuadra, por supuesto, no pude resistir caminar por allí, solo para ver qué estaba pasando. Me encontré con algunos de los viejos amigos del bloque que solían vender droga y se estaban preparando para sacar muestras de un nuevo producto. Terminé pasando el rato demasiado tiempo, todo el tiempo sintiéndome tentado a saber qué tan bueno era el producto. Mi espíritu me decía que fuera, pero mi mente me mantuvo como rehén. Sabía que no debería, pero no pude resistir la curiosidad. Peleando una batalla interna, continué racionalizando mi estadía, hasta que finalmente estuve exhausto y entregado a mis deseos. Extendí mi mano para obtener una de las muestras. En la recuperación, hay un dicho que dice "Manténgase alejado de las personas, los lugares y las cosas que asocie con su adicción". Fue la única sugerencia que no tomé, y nuevamente pagué el precio.

De repente, ¡estaba de vuelta donde lo dejé! Durante todo ese tiempo, el gorila seguía dentro de mi mente, sentado y esperando la oportunidad de estallar. Me odiaba por ser tan débil, una vez más. Mi espíritu se estaba desvaneciendo y esa misma sensación perdida surgió, volví a golpearme el trasero y durante los siguientes seis años, estuve huyendo.

Vivía en un sitio de cuatro edificios unidos por un patio común y conectados a través del sótano donde estaban las máquinas de lavandería. Fue ahí donde conocí a Yolanda. Poco después, comenzamos a salir y no pasó mucho tiempo antes de que nos mudáramos juntos. Nuevamente, no abandoné mi lugar por si acaso y cuando necesitaba algo de tiempo a solas, tenía donde ir. Al principio mi uso no fue tan malo. Pude mantener mi trabajo y ser responsable, pero a medida que pasaba el tiempo, conseguir algo de droga antes del trabajo era importante, y fue entonces cuando comencé a llegar tarde. Me toleraron bastante porque yo era su mejor vendedor, pero me dieron mucha mierda. Pronto estaba llamando enfermo con más frecuencia, hasta que dejé de aparecer. Ahora, solo buscaba lo necesario para mantenerme a flote.

Yolanda se percató que algo andaba mal porque mi comportamiento había cambiado, pero no tenía idea de que era por las drogas. Un día se lo confesé y le dije que necesitaba ayuda. Ella accedió a hacer lo que pudiera y continuó apoyándome, pero no tenía idea de cómo ayudar. Después de experimentar la vergüenza, la culpa y un mundo de dolor, llegué a la conclusión de que este juego ya no era para mí. Tenía miedo de volver a encontrarme en una prisión por mucho más tiempo, nuevamente pensando en suicidarme. Sabía que esta vez no podría manejar otra condena. Realmente necesitaba cambiar, algo tenía que ceder, pero ¿qué haría y cómo lo haría esta vez?

Seguía experimentando el mismo sentimiento cada vez que fracasaba y la culpa empeoraba. Me encontré de rodillas orando para que Dios me llevara y todo terminara de una vez. Un día, mientras recibía el correo, abrí una carta que me envió una compañía de tarjetas de crédito que decía: "Aquí está su nueva tarjeta con un límite máximo de $3,000". No recordaba haber solicitado una tarjeta de crédito y no sé cómo sucedió, excepto que sentí que había un poder divino en acción aquí. Me quedé mirando esta tarjeta en mi mano, comprobando el nombre de nuevo por cualquier error, pero no había ninguno, era mi nombre. El primer pensamiento que me vino a la mente fue un comercial que vi sobre un procedimiento para desintoxicar la heroína en 24 horas por el bajo costo de $ 3,000. Inmediatamente supe lo que tenía que hacer.

Le conté a mi chica lo que pasó. Encontré el periódico donde escribí la información del comercial mientras veía la televisión. Levantó el teléfono y al día siguiente teníamos una cita para ir a Connecticut y hacerme nuevo. Estaba desesperado y dispuesto a intentar cualquier cosa para evitar pasar por los síntomas de la falta de droga, así que me dirigí hacia allí y me admitieron en el acto.

Tres horas en el proceso, tuve convulsiones y casi muero. Caí en coma mientras estaba bajo anestesia. Fue tan grave que todo el procedimiento tuvo que ser detenido. Recuerdo sentir que me estaba ahogando en un lago de hielo y que no podía abrirme paso para sacar la cabeza. Me estaba asfixiando con mi saliva. Era como si estuviera en un largo sueño viéndome morir y no poder despertarme. Mi cerebro seguía diciendo "Despierta, despierta", pero mi cuerpo estaba paralizado. Justo antes de creer que iba a morir, tomé ese último sorbo de aire y desperté aterrorizado. Yo estaba en shock. Afortunadamente, el médico pudo regularme mientras caía irremediablemente en estado de coma. Me tomó unos días recuperar la conciencia. Me sentía extremadamente agotado e incapaz de moverme, mientras me cagaba y vomitaba durante todo el día y la noche. Todavía estaba desintoxicándome. Fue una pesadilla. Pobre Yolanda. Ella se quedó conmigo durante todo este proceso, durmiendo en la cama de la clínica a mi lado, limpiando toda esta basura en medio de la noche. Sé que sufrió y se sentía impotente. Después de unos días, ella me llevó a casa y me cuidó para que recuperara la salud. Ella se quedó a mi lado y me apoyó, fue muy buena conmigo.

Me tomó cuatro meses recuperar mi fuerza antes de que pudiera salir de la casa a caminar. Fue una experiencia que nunca olvidaré, y una que nunca podría volver a pasar y sobrevivir. Esta vez fue de verdad: "¡No más!"

El 8 de agosto de 1998, entré en mi primera reunión de Narcóticos Anónimos (NA) . Estaba de regreso de la recaída para rendirme y dedicar mi vida a la curación de mi espíritu. No había tenido un precio, y las cosas no fueron fáciles, pero fue el desafío y la lucha que necesitaba superar para aprender lo que tengo. No quería morir y estaba cansado de sufrir. Tenía la voluntad en mí todo el tiempo, solo necesitaba profundizar y confiar en que mi Dios no me decepcionaría si encontraba esa razón para querer vivir. Ahora entiendo mejor de qué se trata la vida y las cosas que uno debe hacer para obtener y mantener la libertad.

Estaba muy agradecido con Yolanda, que se preocupaba por mí y me ayudó a volver a la vida. La hice pasar tanto y no podría haberlo hecho sin ella. Ella fue una de las grandes mujeres de mi vida. Durante la mayor parte de mi vida, he sido bastante independiente, pero me sentí bien que alguien me cuidara. Nos enamoramos el uno del otro y nos llevábamos bien. Había mucha pasión y muy buen sexo. Sin embargo, todavía sentía ese vacío familiar. Me sentía incompleto. Recuerdo que cada vez que me abría en lo personal y dejaba entrar a alguien, siempre tenía la misma reacción y la tentación de querer correr. Todavía estoy tratando de averiguar si era miedo a la revelación de mis secretos; problemas con el abandono o si solo era un pésimo tipo. Solía cansarme bastante rápido, lo que explica por qué la mayoría de mis relaciones eran cortas. Fue injusto para las mujeres porque mientras se involucraban más profundamente, en mi mente ya estaba buscando una salida. Rompí muchos corazones.

El hijo pequeño de Yolanda me estaba poniendo las cosas un poco difíciles. Estábamos en conflicto constante. No me di cuenta de que era solo un niño celoso y, como siempre ocurre, yo era el intruso. Intenté ignorarlo todo, pero no era tan bueno para sacarlo de mi mente. En el fondo, sabía que tenía que irme. Estábamos locos el uno por el otro, y eso hacía que esto fuera aún más difícil. Mi conciencia seguía diciéndome en un tono muy tranquilo que esto no era para mí y, nuevamente, terminé lastimando a otra mujer. Por primera vez, comencé a sentir el dolor que ella sentía y me estaba matando por dentro.

Llegó el día en que reuní la valentía suficiente para ser honesto. Cuando llegó a casa del trabajo, le dije que ya no podía continuar así. Me rompió el corazón al ver la sorpresa y el dolor en sus ojos. Ella no merecía esto. Ella era una mujer maravillosa. Sentí como si me apuñalara yo mismo en el pecho de nuevo. No estaba seguro de lo que había hecho, y por un momento quise recuperarlo todo, pero ya era demasiado tarde, se tomó la decisión. Estaba seguro de que esto no era lo que necesitaba y, si invertía más de mi tiempo, podría quedarme atrapado aquí. Los pensamientos me persiguieron por un tiempo mientras luchaba con mi conciencia. Al final, fue la mejor decisión que tomé. Necesitaba seguir adelante, ya no me sentía bien.

Regresé a mi departamento. Pasaron los meses, pero seguimos siendo amigos y nos cuidamos el uno al otro. Incluso me consiguió un trabajo en una empresa de distribución de pornografía donde era la contadora. Comencé como vendedor y un día incluso pude dirigir algunas de las películas. Pasamos el rato aquí y allá. Para mí, se trataba más de gratificación sexual, pero para ella no; sabía que todavía me amaba, y si continuaba con esto solo la lastimaría más. Decidí poner fin a todo, aunque verla en el trabajo no fue fácil. Intentamos ser profesionales cuando nos cruzábamos, pero aún podía sentir su dolor. Tuve que irme y buscar otro trabajo. No podía seguir lastimándola de esta manera. En este momento me sentía lo suficientemente fuerte y sabía que estaría bien por mi cuenta. Ella me ayudó en el camino que eventualmente me llevaría a comenzar a cambiar mi vida.

Finalmente, terminé renunciando al trabajo y seguir adelante. Algún tiempo después, cuando supo que todo había terminado entre nosotros, entabló una relación abusiva con un imbécil. Años después quería ver cómo estaba y fui a buscarla. Ella ya no vivía en el mismo lugar, así que fui a la casa de su primo para buscarla. Me dio la noticia de que su novio le había disparado siete veces y la había matado, se pegó un tiro y luego prendió fuego a la casa. Estaba devastado. Me quedé allí en estado de shock mientras una lágrima rodaba por mi cara. Durante días la idea de su muerte fue tan inquietante que no pude evitarlo. Fui a la biblioteca a buscar el artículo y allí estaba, tal como había dicho su primo. No lo podía creer. La muerte nunca me había tocado tan cerca y durante meses me lamenté. Ella era una persona de buen corazón, y su memoria estará conmigo para siempre.

Muchos años después, después de salir del ejército, su hijo adulto me llamó. Hablamos y me pidió que lo perdonara por ahuyentarme. Él dijo: "Mi madre te amaba y tú eras lo mejor para ella y yo te ahuyentaba. Lo siento mucho, esto nunca hubiera sucedido si te hubieras quedado con ella". Me disculpé con él por no entender que solo era un niño que quería a su madre y que yo era el intruso. Ambos lloramos y dijimos que la extrañamos.

CAPITULO 13

Encontrándome a mí mismo

A medida que continuaba mi viaje, me hice más consciente de mis patrones y de lo que había hecho una y otra vez durante toda mi vida. Siempre buscaba poder y satisfacción para sentirme completo.

Me atraían las mujeres necesitadas que simpatizaban conmigo. Siempre me aseguré de que tuvieran su propio apartamento de esta manera no teníamos que profundizar mucho y siempre podía volver a mi propia casa. Era importante no hacerles saber demasiado sobre mí y mi historia, pero lo suficiente como para poder mantenerlas donde las necesitaba. En la mayoría de los casos, sabía cómo terminaría todo porque para mí las mujeres eran un simple peldaño. Sin embargo, tuve compasión y amor en el proceso. Muchas veces intenté cambiar mi forma de pensar, pero mis relaciones siempre terminaban. Sabía que había un problema con mi comportamiento y actitud hacia las mujeres. En verdad algunas me gustaban mucho y pensé que podría vivir con ellas, pero mi falta de confianza y mi miedo a dejar entrar a alguien eran más poderosos que la emoción del amor. Debido a mi incapacidad para quedarme y pelear u obtener ayuda, correr se volvió mucho más fácil por lo que nada duró. Abandoné a todas y todo de lo que estaba seguro, cuando las cosas se volvían demasiado íntimas, me retiré a ese lugar familiar en el que me sentía tan cómodo. Este fue más o menos el patrón de mi vida. Las relaciones eran solo un medio para un fin. Miraba a las mujeres como objetos, y la mayoría de las veces, usaba el sexo como arma para el control. El fin siempre estuvo a la vuelta de la esquina o limitado a placeres de corta duración. Pensé que cuanto mayor era la acción, la emoción o el sexo, más satisfecho y completo terminaría.

Mi objetivo era obtener riqueza y disfrutar de todas las cosas mundanas para darle sentido a mi vida. Siempre se trataba de la obsesión, llegar a algún lado en el futuro, usar cosas y personas como un escape, porque no estaba satisfecho con quién era. Era como un guion repetitivo en mi mente que me daba identidad, pero distorsionaba y cubría la historia real de mi vida.

No quería seguir en círculos con esto durante resto de mi vida. Decidí mirarme a mí mismo. Después de haber estado económicamente bien y de haber estado con algunas de las mujeres más bonitas, nada de esto tuvo un efecto duradero. Hasta este punto todo siempre fue sobre gratificación instantánea, y ahora sentía que había más sobre mí que necesitaba descubrir. Comencé recordándome a mí mismo que nada fuera de mí podía llenar el vacío, y que tenía que encontrar en mi interior las razones por las que siempre terminaba en el mismo lugar. Romper este ciclo no iba a ser fácil, pero estaba dispuesto a comenzar a aprender sobre mí. Por supuesto, quería encontrar estabilidad y, por supuesto, algo de paz; así comenzó mi búsqueda de autodescubrimiento y decidí quedarme solo por un tiempo.

Aprendí a estar agradecido por las pequeñas cosas; a respirar y a estar bien con quien soy a pesar de las fallas y el dolor que me había infligido, y sin importar la situación actual en mi vida, ya sea alegría o dolor, lentamente aprendí a tomarme el tiempo para sonreírle a la vida. Estaba vivo ... y no en una celda de la cárcel ... Ahora era el momento de hacerme cargo, reconstruir las piezas y comenzar una nueva vida. Me sentía mejor y más seguro. Finalmente, creí que todo iba a estar bien. Me hice más fuerte cada día y comencé a planificar mi futuro. A menudo pensaba que tal vez tenía que pasar por todo este lío para acercarme a encontrar el significado y el propósito de mi vida.

CAPITULO 14

Resurrección

Era la primavera de 1999. Un día, mientras corría en Orchard Beach, vi a la mujer más bella; algo me atrajo a seguir mirando en su dirección. Estaba tan bien que no podía apartar mis ojos de ella mientras estaba allí, bronceada. Después de correr, dos horas después, vi que todavía estaba allí, así que comencé a caminar en su dirección esperando que ella me notara, y cuando me acerqué, le dije: "¿Necesitas ayuda para alcanzar tu espalda con la loción bronceadora?"

Ella dijo: "No, lo tengo".

Le pregunté: "¿Cómo te llamas?"

Ella dijo: "Mi nombre es Sky".

Nos quedamos allí hablando durante horas y cuando llegó el momento de irnos, ella me preguntó: "¿Qué vas a hacer esta noche? ¿Te gustaría ir conmigo a un evento que está teniendo mi amiga? Sabía que no tenía ningún plan y dije: "Sí, por supuesto, me encantaría". Nos despedimos y, mientras me alejaba, no pude contener mi emoción.

Fui a casa para prepararme para mi cita con la chica más hermosa del mundo. Agarre lo mejor que tenía para ponerme: un traje en seda de dos piezas. Me puse mi colonia Armani y salí a mi cita. Entré en el lugar, escaneando el área, pero no pude verla. El espectáculo nupcial comenzó y todos se pusieron de pie. Desde atrás vi a esta rubia con estas increíbles piernas y supe que era ella, se veía asombrosa. Dio la casualidad de que conocía a su amiga, C.J., desde mis primeros años de adolescencia. Todo era perfecto.

Nos vimos todos los días a partir de entonces. Salíamos a cenar, a bailar y al cine. Más tarde conocí a su familia y, cuando lo aprobaron, ella me pidió que dejara mi apartamento y me mudara con ella. Fue una oferta tentadora. Tenía un lugar muy agradable con vistas al Long Island Sound. Aunque no tenía mucho, al principio dudaba. Comencé a pensar en las cosas que había hecho, mis patrones de comportamiento, y no quería que esto fuera solo un peldaño. Este fue mi primer apartamento real después de estar sin un hogar que pudiera llamar mío y si esto no funcionaba, debía estar loco. Fue una invitación abierta a una vida mejor con una mujer de la que me estaba enamorando. Después de pensarlo dije que estaba bien, pero decidí alquilar mi espacio en lugar de renunciar a él, por si acaso.

Me mudé a su lugar. Todavía estaba trabajando en la industria del porno. Aunque realmente no le gustaba, lo aceptó, y cuando le dije que quería salir, pagó un poco de entrenamiento para ayudarme a ingresar al campo de la asesoría. Ella me empacaba algo de almuerzo y me daba dinero para el transporte. Comencé de voluntario en el Bronx Lebanon Hospital. Tomé más entrenamientos y volví a la escuela para estudiar y convertirme en consejero de abuso de sustancias. Obtuve la licencia y pronto encontré un mejor trabajo como Especialista en Investigación en el Hospital Montefiore. Trabajé en el Programa de Cuidados Paliativos brindando apoyo emocional a pacientes y familias que estaban en la etapa final de la vida con VIH / SIDA.

Le hablé a Sky sobre mi adicción y ella no me juzgó. En cambio, me apoyó e incluso me acompañó a algunas reuniones de NA. Al principio no fue fácil abrirme. Estaba emocionalmente roto y realmente no confiaba en nadie con mis secretos. Pronto me ayudó a derribar esos muros con su amabilidad y comprensión. Me encantó que fuera tan cariñosa, tan generosa y fácil de tratar. Me encantó cómo ella me amaba. Me convertí en su todo y ella se convirtió en mía. Ella era divertida, amorosa y hablaba mucho; la mayoría de las veces ella lo decía todo y muy rápido.

Comencé a ver el mundo a través de sus ojos; era un lugar mucho más agradable que el que yo vivía. Su energía era increíble. Ella no tenía hijos, ni equipaje ni drama. ¡Era un hombre afortunado! Mi vida se recompuso porque ella me ayudó a poner las piezas en su lugar. Dios me envió una buena mujer, como mi madre siempre quiso para mí, y me convertí en un hombre nuevo. Me sentí seguro al contarle sobre mi vida y comencé a sentir que no importaba lo que compartiera, ella me amaba y me aceptaba como era. Mi pasado le interesaba y ella siempre decía que mi vida era como una película. Ella me ayudó a perder el miedo y reafirmó que mi pasado era solo una parte de mi historia, pero no quién era por completo. Con ella comencé a aprender a vivir el momento, dejando ir lentamente el pasado. Nunca pensé que encontraría y me involucraría tan profundamente con alguien que me entendería y me apoyaría en todo, que creía en mí y que se convirtió en mi columna vertebral sin importar el resultado. Como resultado, mi vida cambió para siempre.

Teníamos mucho en común. Nos pusimos a viajar y explorar. Fue gracias a ella que vi más que solo Nueva York, Miami o Costa Rica. Siempre había algo que hacer o un lugar a donde ir. Siempre dije que nunca me casaría porque me gustaba demasiado la vida de soltero, pero no iba a dejar ir esta. En mi corazón sabía que ella era la correcta. La vida iba a ser buena. Toda mi familia la adoraba y estoy segura de que mi madre la habría aprobado y amado con orgullo. Hicimos una gran pareja.

Al regresar de un viaje a Puerto Rico, arreglé que toda su familia y nuestros amigos estuvieran en la casa antes de llegar allí y esperaran en silencio. Fue una sorpresa. Me puse de rodillas y le propuse matrimonio. Un año después, nos casamos. Mi primo Mambo acababa de llegar a casa de la prisión a tiempo para mi boda. Lo llevé a comprar algo de ropa y puse algo de dinero en su bolsillo, como siempre hacemos. En mi boda, conoció a mi cuñada, se enamoraron y nunca se separaron.

Nos estaba yendo tan bien que decidí comenzar un negocio de joyería, y luego comencé a dar préstamos. Después del trabajo corría para recolectar dinero o para hacer fiestas de joyería. Era trabajo los siete días de la semana, de doce a catorce horas al día. Sky tenía un buen trabajo con el gobierno federal y con nuestros dos salarios y todo el dinero que venía de los negocios, estábamos en la cima del mundo. Vivíamos bien y planeábamos para el futuro. Ella era mi compañera y compañera en la vida; me ayudó a arreglar mi existencia. A lo largo de los años, ella demostró que me respaldaba sin importar la situación. Qué gran sensación tener a alguien en mi esquina. Finalmente, todas las bondades y formas justas estaban dando sus frutos. Dios me estaba mostrando favor y bendiciéndome todos los días.

Mis viejos defectos y hábitos comenzaron a perfilarse de nuevo. Hubo un tiempo en que, nuevamente, estaba luchando con mi identidad y mi comportamiento lujurioso. Estaba comenzando a sentirme sofocado y no estaba seguro de si quería permanecer en esta relación o en la vida. Mi mente comenzó a hacerse cargo y a agitarme, y pensé: "Tal vez pasar un tiempo a solas sería bueno". Necesitaba descubrir qué estaba mal y no podía hacerlo allí. Me mudé a la casa de un amigo para comenzar la vida de soltero de nuevo. Después de estar en mi relación más larga, estaba un poco aprensivo. Las primeras noches fueron difíciles. Después de que mi esposa hizo todo por mí, tuve que empezar a cuidarme de nuevo. Comencé a acostumbrarme y ya esperaba noches tranquilas, algo de búsqueda del alma y mucha lectura. Pronto me sentí solo y extrañé la comodidad de una mujer. Nuevamente mi conciencia se turbó. Distraje mi mente con la meditación y la masturbación. Después de algún tiempo lejos, decidí que necesitaba volver a casa con mi esposa, la mujer con la que podía contar, la que me acompañó. Sabía que la lastimaba y quería compensarla.

Hablamos y volví a casa donde pertenecía. Aunque a veces surgían dudas, sabía que era solo yo tratando de correr de nuevo y hacer lo que siempre había hecho, convenciéndome de que no era lo suficientemente feliz. Pero ahora estoy quieto. Correr es todo lo que he hecho. Ya no tengo que vivir con esos miedos o inseguridades. Continuamos teniendo nuestros altibajos, solo que ahora los superamos y utilizamos el asesoramiento en algunos temas. Puede que las cosas no siempre sean geniales, pero estoy justo donde necesito estar. Sky todavía sigue apoyándome como siempre lo ha hecho. Ella ha demostrado ser una verdadera soldado con el tiempo. No soy fácil cuando mi mente sigue hablando conmigo, pero ella me da mi espacio. Si hubiera sido otra mujer, sé que me habría ido para siempre. Ella realmente me ama.

Todavía estoy luchando con problemas de ira y buscando una paz duradera, pero me estoy más feliz conmigo mismo y con mi progreso en la vida en general. Me estoy tomando el tiempo para pensar, hacer una pausa y no tomar decisiones apresuradas que siempre llevarán al desastre. No puedo esperar milagros de la noche a la mañana, y probablemente me caiga de cara varias veces más antes de hacerlo bien. Roma no fue construida en un día.

Regreso a vivir

CAPITULO 15

Libertad

Estaba trabajando para el Hospital Montefiore haciendo mucho dinero. Fue el mejor trabajo de toda mi vida. Me encantaba. Mi jefe y el equipo P-Care fue el mejor grupo para trabajar. Por primera vez nadie me dijo qué hacer y, sin embargo, me enorgullecí e hice mi trabajo lo mejor que pude. Con mis habilidades pude avanzar rápidamente y me dijeron que me darían un nuevo título con un salario más alto, siempre y cuando volviera a la escuela porque la nueva posición requería un título de maestría. Me inscribí en el Colegio de New Rochelle. Se hizo demasiado difícil mantener todos estos trabajos e ir a la escuela, así que decidí posponerlo hasta algún tiempo después, pero eso nunca sucedió.

Durante este período, tenía una fuerte conexión con un poder superior y supe que las puertas se estaban abriendo. Mi esposa y yo estábamos bien. Teníamos suficiente dinero para invertir en algo para nuestro futuro. Los dos estábamos abiertos al cambio. Me encantaba Nueva York, pero siempre temía que me arrestaran por alguna coincidencia desgraciada, volcando todo mi mundo. Vi que sucedía a menudo y no quería convertirme en otra estadística.

Fue el boom de la vivienda ...; el mercado de valores estaba bien. Surgió un gran frenesí; era un período de alta energía, y todos se estaban volviendo locos comprando bienes raíces y casas nuevas. Hice otro viaje a Florida para ver por mí mismo lo que estaba sucediendo y posiblemente encontrar una oportunidad de inversión.

Fue tal como lo había escuchado. Había cierta emoción en el aire. Se construyeron todo tipo de casas por todo el lugar. La gente luchaba por comprar casas. Yo también me entusiasmé con la energía y caí en la misma carrera buscando esa inversión perfecta. Miré muchas casas con aquellos agentes inmobiliarios hambrientos que intentaban hacer que comprara algo, y me apuraron para que pudieran pasar a la siguiente víctima. Todo lo que vieron en mí fue el signo de dólar. La mayoría de ellos se hicieron muy ricos. Compré mi primera casa. Llamé a mi esposa para darle la noticia de que éramos propietarios. Era una hermosa casa adosada, de nueva construcción. Mi plan era usarla como una propiedad de inversión, pero iba a disfrutarla un poco antes de alquilarla. Yo fui de regreso a casa para trabajar, y comencé a hacer planes para regresar a Florida. Cuando la casa estuvo terminada, hice otro viaje.

Se sintió bien. Una sensación de orgullo. Yo era un niño de Brooklyn que nunca dejó de soñar, y aquí era dueño de una casa. Nadie esperaba esto. Después de estar allí unos días, mi curiosidad me hizo seguir algunos camiones de construcción que me llevaron a mostrar nuevas casas modelo a posibles compradores. Me enamoré de una de las casas y terminé haciendo un pago inicial para uno de esas también.

Estaba experimentando la sensación más sorprendente, solo superado por lo que se siente estar fuera de las drogas. Sabía que una vez que me limpiara, estaba destinado a grandes cosas, pero nunca pensé que comprar mi propia casa estaba en la lista. Me sentí en la cima del mundo, intocable. La recompensa estaba allí, y con rapidez. Un éxtasis natural, y el mundo era el límite. ¡Nada podría detenerme ahora! Estaba viviendo el "sueño americano". "Mírame ahora, mami ...". Me hubiera gustado que ella estuviera aquí para ver cómo su pequeño hijo se había convertido en este hombre maravilloso.

Mi entusiasmo creció día a día. Estaba lleno de esta energía recién encontrada; me sentía genial, pero quería más. Inmediatamente llamé a mi esposa para compartir la alegría. Estábamos cambiando nuestras vidas y nos mudamos de Nueva York. Ella solicitó una transferencia en el trabajo. Nunca pensé que vería el día. Estábamos emocionados.

En 2005, renuncié a mi trabajo y avanzamos con la energía de la vida. Decidí tomarme un tiempo libre para disfrutar de mi hogar antes de considerar qué hacer para obtener un empleo. Tenía mucho dinero, así que no estaba preocupado. No hace falta decir que mi hogar se convirtió en mi nueva obsesión. Aunque era una casa recién construida, día tras día, busqué qué más podía construir o cambiar para que se viera mejor. Era como un juguete nuevo. Pude vender nuestra casa y obtener una buena ganancia y el agente inmobiliario me convenció transferirla a otra propiedad para evitar los impuestos. Estaba tan emocionado que terminé comprando tres propiedades de inversión más.

Un día, me reuní con un agente de bienes raíces y un banquero de Country Wide para discutir cómo podrían ayudarme a calificar cuando mi límite de crédito ya estaba agotado. Recuerdo haber pensado lo especial que era para obtener esta atención preferencial, pero no me di cuenta de lo sombrío de todo el asunto. Poco después, la burbuja hipotecaria estalló y el mercado inmobiliario se derrumbó. Country Wide se hundió por sus malas prácticas, al igual que otros. Con la excepción de nuestra casa, perdimos todas nuestras propiedades y solicitamos el Capítulo 13 de la ley de quiebra; estaba en bancarrota. ¡Tanto dinero y se fue por el desagüe! Ahora, tenía que descubrir cómo iba a corregir la situación y no hundirme. Mantuve mi cordura, mientras que muchas personas se volvían locas, se suicidaban y sufrían matrimonios rotos debido a la inversión de sus cuentas de jubilación.

Para mí, fue un final como tantos. Si lo logré dos veces, podría obtenerlo nuevamente. Solo que esta vez, no me pareció tan importante. Estaba empezando a sentir que había algo mucho más importante para mí, pero no sabía qué era.

Mi historial criminal siempre estuvo en el fondo de mi mente. Es fácil para cualquiera buscar a alguien en Google y saber toda su historia; esto me preocupaba. Sería un duro golpe que alguien diera a conocer mi secreto, especialmente en este punto de mi vida. Decidí intentar ver si podía limpiar mis antecedentes penales.

Trabajando a través de mi anterior funcionario de libertad condicional y el Estado, recolecté tantas cartas de recomendación como me fue posible y las enviamos a Pataki, el gobernador de Nueva York en ese momento. Antes de que él saliera de la oficina, me emitieron un certificado de alivio que restauraba todos mis derechos. Una nueva energía se apoderó de mí, y fue como si tuviera una nueva oportunidad de vida, una segunda oportunidad para comenzar de nuevo.

Con más de veinte años de buen comportamiento, pude ir a la escuela en Hoboken New Jersey, aprobar un examen y convertirme en un agente de recuperación de fugitivo o cazador de recompensas. Al graduarme, me dieron mi propia placa de oro que se parecía a la de un detective de la ciudad de Nueva York, esto me dejó alucinado. Estos tipos no sabían quién era realmente y me dieron una placa con una identificación en una billetera. ¡Esto no podía ser posible! Me excusé para ir al baño solo para poder verlo una y otra vez. No parecía real, estaba soñando, pensé. La sostuve en mi mano y le agradecí a Dios por hacer esto posible.

Fue lo más cerca que pude llegar a cumplir mi sueño de ser policía. Mi vida había cambiado a pasos agigantados, e incluso me sorprendió. Fue un cambio total, de 360 grados: ¡estaba viviendo el sueño! Nadie creyó cómo logré esto.

Hice lo que me tocaba hacer y estaba emocionado de hacerlo. Me sentí renacer. Era tan extraño estar del otro lado, ahora buscando a los malos; y como tenía toda la experiencia del "chico malo", era bueno en eso. Todo fue un viaje de poder. Mi ego se infló y nuevamente pensé que era la gran cosa. El convicto en mí ahora estaba enterrado para siempre, y no había vuelta atrás.

Comencé a trabajar para los instructores de la escuela como contratista, y a tomar trabajos en Florida en busca de fugitivos y llevarlos de regreso al estado del que se salieron. Una vez, llevé a mi prisionero a la cárcel del condado para retenerlo hasta que pude llevarlo de vuelta a través de las fronteras. Ese fue el sentimiento más extraño que jamás experimenté. Al volver a la cárcel me cagué de miedo; ahora la estaba mirando desde el otro lado.

Nadie me conocía en Florida, así que pude caminar en muchos círculos de la policía. Me dieron la bienvenida a sus grupos como uno de los suyos. Nos visitábamos mutuamente, partimos el pan juntos y celebramos barbacoas familiares y fiestas de cumpleaños. Casi todos mis nuevos amigos eran policías actuales o se habían retirado de Nueva York. Al principio me pareció un poco extraño y estaba un poco preocupado con eso en mi mente, preguntándome si alguna vez descubrirían quién era realmente, pero parecían aceptarme por lo que era y pronto mis inseguridades se disiparon. Sin embargo, el miedo siempre permaneció en el fondo de mi mente y luché con lo que diría si alguien se enteraba de la verdad. Aunque estaba viviendo una buena vida, y la máscara había sido parcialmente removida me di cuenta de que todavía estaba escondiendo algo y me preocupaba que mi pasado fuera revelado.

Continué asistiendo a las reuniones de vigilancia del crimen en el departamento de policía todos los meses. Incluso me convertí en miembro de la Asociación de Prevención del Delito de Florida, asistiendo a las convenciones de fin de semana que hubo en todo el estado, y donde los miembros de alto rango elaboraban nuevas tácticas de prevención. ¡Eso realmente se sintió extraño! Aquí estaba, un conocido y antiguo criminal entre un mar de policías escuchando información privilegiada. Que irónico. Finalmente, me convertí en un miembro respetable de la sociedad; y no solo en mi comunidad, sino también en los alrededores. Organizaba eventos comunitarios invitando a políticos como el sheriff, el congresista estatal, el alcalde de la ciudad, el consejo de la ciudad y la cámara de miembros representativos para presentarlos antes de las elecciones; todos fueron elegidos con éxito y todavía están sirviendo. También me reuní con el subjefe de policía que vivía en la comunidad para ayudar a abordar ciertos problemas. Todos me apreciaban. Sin embargo, en el fondo de mi mente, siempre me pregunté si alguna vez habrían tratado conmigo si supieran los secretos de mi pasado. Todavía llevaba esta máscara.

Pronto me enteré de que el estado de Florida no reconocía a los "Cazarrecompensas". Aquí los llamaban "Bondsman". Me sentí tan desanimado cuando supe que estaba violando la ley y que tenía que volver a la escuela para obtener licencia. Así que lo hice. Estaba obteniendo muy buenas calificaciones. Durante mi última clase, un orador invitado vino a tomar huellas digitales para presentar al estado y me volví paranoico. Aparté a uno de los maestros y le confié que había tenido encuentros previos con la ley. Me dijo que ser arrestado o condenado por un delito grave me impedía obtener mi licencia. Le dije que había escuchado que no sería un problema porque ya me desempeñaba en el campo. Me dijo que podía enviar mis huellas y ver qué pasaba. Mi mundo se vino abajo. No quería saber que pasaría y renuncié.

Estaba enojado. Subí a mi auto y tomé el camino de regreso a casa. Pensé en seguir la lucha, pero decidí dejarlo ir. Fue un momento difícil de procesar. Viví con eso por un tiempo; al menos sabía que aún podía lograr mi sueño. Hice lo que muchos no pueden hacer. Además, me di cuenta de que estar encerrado en una camioneta toda la noche espiando a alguien era bastante pesado y no estaba seguro de cuánto tiempo más podría soportarlo. Tengo que admitir que hubo momentos en que fue muy emocionante. Pero, ya era hora de pasar al siguiente capítulo de mi vida.

Mi esposa Sky

CAPITULO 16

La prueba

Un par de meses después, mientras estaba sentado disfrutando de una agradable velada con la puerta de mi garaje abierta, noté que los mismos tipos que traían los electrodomésticos a las casas recién construidas eran los mismos tipos que vi venir y sacarlos más tarde a las dos de la mañana. Todo era sospechoso para mí y sabía que algo estaba pasando, así que estuve atento. La actividad continuó y entonces decidí visitar el departamento de policía local. Me dijeron que el constructor tenía que ser el que hiciera el informe. Ese mismo día fui a ver al constructor y le conté lo que vi. Confirmó que esto había sido un problema del que estaban conscientes, pero que no estaban seguros de quién lo estaba haciendo y ahora intentarían corregirlo. A partir de ahí, el constructor y yo nos hicimos amigos y él apoyó mis esfuerzos por la comunidad. Fue en ese momento que me dediqué totalmente a mi comunidad y decidí servir desinteresadamente. Se convirtió en mi forma de contribuir. Me incomodaba un poco tener que ir a la policía y al constructor. Era algo que nunca pensé que haría, pero no quería que el lugar donde vivía se convirtiera en un lugar sin ley, y alguien tenía que ponerse de pie, así que quién mejor que yo, ya que mi pasado me daba la perspectiva de ambos lados.

Fui al departamento de policía y comenzamos un programa de vigilancia contra el crimen. El crimen había aumentado en Florida, por lo que el programa de vigilancia ya se había establecido en diferentes comunidades; el nuestro se convirtió en una adicción. Todos los meses teníamos reuniones en el departamento de policía y compartíamos esa información con la comunidad. Me hice cargo y recluté a otros para que sirvieran como capitanes de bloque. Conseguí ayudantes del sheriff, policías y otros vecinos que invirtieron en la comunidad para servir. Todos se unieron. Tuvimos reuniones que crecieron por semana. En Halloween, nos subíamos en bicicletas con linternas y nuestras camisas de vigilancia del crimen, recién diseñadas, para patrullar el vecindario y proteger a los niños. Me sentí empoderado, orgulloso y con un gran sentido de propósito, porque estaba haciendo algo significativo. Era mi forma de retribuir a la sociedad. Los residentes se sintieron bien al ver lo que estaba pasando y nos daban su apoyo. Fue un gran momento en la historia de nuestra comunidad. Con el nuevo sistema de texto y correo electrónico que desarrollamos, compartíamos información y todos estaban vigilando. La comunidad se sintió empoderada. Se convirtió en un excelente lugar para vivir.

Organizamos eventos para que los vecinos se conocieran unos a otros y nos turnábamos para caminar por la comunidad asegurándonos de que todos estuvieran seguros. Todos tenían curiosidad acerca de este nuevo movimiento que se estaba estableciendo. Instalamos reductores de velocidad que ayudaron a mantener a los niños más seguros mientras jugaban en las calles. Teníamos señales de alto, más iluminación en todas partes, y una cancha de baloncesto adicional. Pusimos un sistema de cámara en el portón principal, en el área de la piscina y contratamos a una empresa de seguridad. Monitoreábamos a quienes entraban a la comunidad tanto como pudimos. Intenté todo para ayudar a proporcionar seguridad a las familias y la comunidad. Trabajamos para modernizar las puertas delanteras para minimizar la entrega de códigos a personas ajenas. Nos convertimos en una comunidad realmente activa y establecimos el estándar que otros copiaban.

Años después, ayudé a establecer comités y establecí la primera asociación de hogares en nuestro vecindario. Desarrollamos muchos proyectos para ayudar a elevar nuestra comunidad. Era un buen lugar para vivir, hasta que comencé a presenciar el tráfico de drogas. Viniendo de mis antecedentes, la actividad ilegal era obvia. Podía ver cosas que otros no podían, mientras que la mayoría de la gente no tenía idea de lo que estaba pasando. A altas horas de la noche, cuando no podía dormir, daba un paseo o montaba en bicicleta por el vecindario, y a veces veía personajes sombríos conduciendo durante toda la noche. Durante el día, veía algunos de estos mismos tipos. Los seguía y me hacía una idea de quiénes eran estos traficantes. Hubo más de tres residentes involucrados, y a veces veía a esos mismos residentes congregándose entre ellos; esto era más grande de lo que nadie sospechaba. Vivía directamente detrás del área recreativa y podía ver todo lo que estaba sucediendo. Una vez noté una actividad ilegal de un niño realmente bueno que estaba siendo manipulado por un matón del vecindario. Los padres del niño eran mis vecinos de al lado y eran muy buenas personas.

Para intentar salvar a este niño, decidí tomarlo bajo mi protección y convertirme en su mentor. Se llamaba Byron. Me hice su amigo, aprendí sus intereses y aspiraciones. Sabía que era un niño inteligente con buenas calificaciones y que no estaba hecho para la calle. Como vivía justo al lado, lo veía todo el tiempo y a veces hablábamos. Un día le dije con quién lo había visto salir y le dije que debía mantenerse alejado de él. Pronto, los padres del niño me llamaron para darme la noticia de que su hijo había sido arrestado con otro niño del vecindario por vender marihuana. Me pidieron mi ayuda. Conocía a muchas personas que me admiraban y respetaban. Hice algunas llamadas telefónicas, fui al juzgado, hablé con el asistente del fiscal de distrito y conseguí que lo liberaran. En este momento sabía que esto se iba a salir de control y necesitaba detenerlo. Fui a ver a algunos de mis amigos en el departamento de policía. Querían ayudarme, pero no tenían suficiente personal y, como no se había producido ningún delito real, no podían hacer nada. Fui al departamento del sheriff, y trabajé con mi amigo en la comunidad que trabajaba con la policía, pero tampoco pudieron ayudar porque no estaba en su jurisdicción. Me puse en contacto con algunos de los políticos que conocía, pero me enviaron de vuelta a la policía.

Estaba empezando a sentirme sin esperanza. Estos traficantes de drogas sabían quién era, dónde vivía y que estaba conectado de alguna manera con la policía. Intentaron esconder sus fechorías en señal de respeto. Se sentía extraño porque entendía esa vida y no quería ser un delator y todo esto me hacía sentir incómodo.

Podía sentir este conflicto interno entre lo que era antes y quién soy ahora. Sentí que el nuevo yo estaba a prueba y luché con él. Incluso reclutar capitanes de bloque era extraño. Todavía tenía conflictos internos sobre los secretos de mi pasado. Una vez fui parte de la cultura de la calle y su código, y los soplones no se sentían normales. Las calles no hicieron nada más que arruinarme la vida y ahora cuando me enfrentaba a hacer lo correcto era tan difícil. Sin embargo, mi vecindario y mi familia eran más importantes que estos matones, que solo alquilaban allí y no valoraban nuestra propiedad. No podía dejar que esto se saliera de control en mi propio vecindario.

Una noche, me acerqué a algunos de ellos, y ellos lo negaron, pero uno de sus amigos me desafió. Mi ira aumentó y tuve que contenerme de hacer algo de lo que me habría arrepentido. Conducían constantemente por la comunidad y me miraban con atención todo el día. Sabía cómo pensaban estos niños, y también sabía que estaba tomando las cosas demasiado personales; el ambiente comenzó a ponerse peligroso. Tal vez fue mi impotencia lo que me estaba frustrando y no podía dejar de lado esta situación. Me preocupaba que uno de ellos tratara de quemar mi casa, le hiciera algo a mi familia o tiroteara mi hogar. Todos los días era algo o alguien. Estaba obsesionado y molesto mientras seguía presenciando el tráfico de drogas en nuestra calle. Copié cientos de números de tablilla en caso de que algo pudiera suceder y tuviera que meterme de vigilante a la fuerza. Algo tenía que ceder. Me estaba cansando de la flagrante falta de respeto y sabía que me estaba tomando un riesgo.

La paz que una vez sentí ya no estaba. En un momento de oración y meditación, obtuve mi respuesta: para proteger a mi familia, era hora de dejar mi hogar y todo por lo que había trabajado tan duro. Era eso o enfrentarme cara a cara con estos tipos hasta que se cometiera un delito y el departamento de policía entrara y viera que era un asunto grave. No valía la pena arriesgar mi vida o mi libertad. Había llegado demasiado lejos ahora para perder todo lo que había logrado. Mi crecimiento personal y paz espiritual no tenían precio para mí ahora. Tuve la tentación de confrontar a estos niños y hacerles saber con quién estaban tratando, pero luego me di cuenta de que ya no era esa persona imprudente cuyos botones eran tan fáciles de presionar. No necesitaba probar algo y terminar en la cárcel nuevamente. Ya no estaba dispuesto a perder el control nuevamente. Por sí solo, esto fue un gran logro dada la mentalidad que una vez tuve. Mi esposa entendió y ambos estuvimos de acuerdo: era hora de dejarlo ir. A pesar de que los problemas de drogas empeoraron, seguí comprometido a seguir con nuestro plan.

Hice una venta de garaje para comenzar a deshacerme de nuestros artículos. Lo que no pudimos vender lo regalamos. Me di cuenta de que estas cosas ya no tenían valor para mí. Nos mudamos a un apartamento de una habitación con nuestros dos perros. Salir de nuestra casa después de todo el trabajo; el embellecimiento y el dinero que puse en él, fue realmente difícil para nosotros. Nos sacrificamos y soltamos todo, pero probablemente fue una de las mejores decisiones que he tomado para brindarme felicidad y paz. Perseguir la ilusión de tener mi propia casa con la cerca blanca, había llegado a su fin. Finalmente, me liberé del estrés de tener una casa grande y todo el trabajo que conllevaba: era más de lo que esperaba, y ahora era el momento de dejarlo, seguir adelante y liberarme.

Tal vez, resultó ser algo bueno, y se suponía que todo era así. Llegué a comprender que no estaba destinado a enfrentar a estos traficantes de drogas, lo que me dio la oportunidad de comenzar el proceso para quitarme la máscara que había usado durante tanto tiempo. Seguí la dirección de Dios. A medida que me concentraba más en mí mismo, Dios comenzó a poner cosas nuevas, nuevas personas y nuevas ideas en mí. Tenía un mayor propósito que cumplir.

CAPITULO 17

La lucha interna

No quería seguir viviendo en una batalla conmigo mismo todo el tiempo. Siempre fue difícil para mí no solo hacer lo que sabía hacer, reaccionar sin pensar era mi primer instinto. Aunque no fue un proceso fácil, me di cuenta del resultado que había tenido en mi vida: los años de dolor, sufrimiento y las consecuencias crudas; se convirtió en algo obvio. Vivía una doble vida. Mis elecciones pasadas eran evidencia de que no tenía un sentido claro de dirección, y seguía repitiendo los mismos errores. Mis pérdidas fueron grandes y mi sufrimiento innecesario. O mantenía el camino del dolor y la pérdida o hacía un cambio. He llegado demasiado lejos para seguir perdiendo por cosas sin sentido. Se habían ido demasiados años buenos, renunciar a más sería una pérdida de vidas.

Creo que he pasado por todo esto por una razón. Aunque mis experiencias fueron dolorosas bendiciones, estaba destinado a levantarme de las cenizas y convertirme en el poder de un mejor ejemplo. He luchado con muchas cosas sin tener idea de qué hacer. No sabía si alguna vez podría superarlo, pero nunca me di por vencido. Incluso cuando el dolor era grande y estaba sufriendo, en algún lugar de mi espíritu sentía que algún día todo cambiaría y volvería a ver la luz del día. Soy el tipo de persona que siempre trató de encontrar una solución y una salida. Muchos días me revolví el cerebro, temeroso de hundirme más profundamente en un lugar del que no podría salir vivo. Me obligaron a sobrevivir o morir. Después de tantos años estancado, mi vida parecía no tener sentido. No tenía padres, tíos, tías, amigos o hermanos que me ayudaran, estaba solo. Nadie me dio una mano. Tuve que estafar, manipular, robar, vender drogas y vivir una vida dura, usando las habilidades que las calles me enseñaron para sobrevivir.

Cuando el dolor de esa vida se hizo demasiado grande, decidí hacer un cambio: apliqué mis habilidades de supervivencia para mejorar mi vida, empujando para abrir puertas, haciendo lo que tenía que hacer hasta tener éxito. Hice sacrificio tras sacrificio.

Me inscribí en cada capacitación o preparación laboral que estaba disponible a través de asistencia social, asistencia especial; lo que fuera gratis, aproveché la oportunidad. A veces ni siquiera comía para poder tomar un tren para ir a la escuela o a un entrenamiento. Estudiar no fue fácil, ni era lo que quería hacer, pero fue el trabajo que tuve que hacer para mi nueva vida. Estaba decidido a tener éxito. Si sobreviví las calles por tanto tiempo como lo había hecho, nada podría detenerme. Cuanto más duro se hacía, más empujaba. Hubo muchas veces que quise dejar de fumar, pero esa no era una opción, a menos que estuviera dispuesto a volver a la vida que tenía. Sí, podría culpar a mi padre u otros por mi vida y mi dolor, pero no podría pasar por la vida usando esa misma excusa para siempre.

Esta era mi vida, y necesitaba ser yo quien tomara el control. Esto es lo que hacen los verdaderos soldados. Yo era el sobreviviente. He muerto muchas muertes y salido de muchos agujeros. Ya no era una víctima, ni buscaba el sentido de la vida, tanto como buscaba la experiencia de sentirme vivo. Quería sentirme como uno con la vida, y no en contra de ella. Quería que la energía de la madre tierra fluyera a través de mí para poder sentirme parte de ella. Solo quería dejar de lado mis miedos y sentir verdaderamente todo lo que pudiera, bueno, malo o indiferente y saber que sobreviviría. Quería hacer una diferencia solo para demostrármelo a mí mismo, a Dios y a los que me excluyeron. Quería ser importante y caer como un soldado, no como un tonto. Era hora de reconocer y ser responsable de mis acciones.

Este era un trabajo interno y mi propia curación tenía que comenzar ya que morir no era una opción. La muerte no era la mayor pérdida. La mayor pérdida era mi espíritu muriendo lentamente dentro de mí. Encontré una nueva razón para querer vivir, y cada día que despertaba, me movía a ese ritmo. De repente, el olor en el aire parecía diferente, los colores de los árboles parecían más brillantes, los pájaros zumbaban al ritmo y volví al flujo de la vida. Las cosas ya no eran una tarea, sino un desafío, algo que todos los días esperaba. El peso alrededor de mi cuello se había ido, mi espíritu era más ligero. Había renacido, lleno de energía, listo para aprovechar al máximo mis días.

Un día, mientras paseaba a mis perros en la playa, tuve un momento para reflexionar. Miré hacia atrás y dije en voz alta: "Guau, después de todo lo que he hecho y pasado, mira a dónde he llegado". Aunque me tomó un tiempo, sonreí y seguí disfrutando de un hermoso día. Finalmente estoy encontrando algo de paz.

Mis hijos ahora son hombres, y no hay mucho que pueda hacer para cambiar sus modos de ser, pero mis nietos tienen esperanza. Quiero construir una relación con ellos y corregir algunos de los errores de mi pasado. Quiero enseñarles sobre la vida y el trabajo duro, asegurarme que no caigan por las grietas de la vida como migajas. Quiero compartir mi sabiduría con ellos mientras están jóvenes. Quiero que se sientan orgullosos de su abuelo que sobrevivió las tormentas de la vida sin desmoronarse. Necesitan sentirse amados y comprender que la familia es lo mejor que se puede tener. Necesitan saber mi historia.

Tal vez pueda marcar la diferencia en la vida de alguien que es nuevo en el juego, alguien con quien puedo compartir mi experiencia y conocimiento de la vida. No hay excusa para el mal juicio o el comportamiento. Lo incorrecto está mal, y todos los humanos entienden este concepto, y depende de nosotros sopesar las consecuencias antes de la acción. Siempre he pagado un gran precio por mi actitud explosiva e impulsiva. Si tan solo pudiera haber sido más consciente de mis emociones antes de reaccionar. De joven me permití ser influenciado fácilmente por los demás y me sorprendió admirar a los tipos chévere del barrio, o eso creía. No muchos eruditos o científicos salieron de mi barrio. Nadie a quien admirar, sino al drogadicto suave y bien vestido, al ladrón que siempre parecía feliz, al amante con todas las chicas, o a los borrachos cantando "doo wop" a capela en la esquina y en las escaleras del metro. Estas eran las personas que quería emular. No recuerdo a nadie preguntarme: "¿Qué quieres ser cuando seas grande?". Aprendí a idolatrar las cosas y las personas equivocadas. La vida era más sobre supervivencia, pasar el día, no soñar o planificar.

Solo espero compartir mi historia con los jóvenes de hoy para que puedan aprender de las elecciones que hice y no tener que sufrir la miseria que les espera si siguen ese mismo camino. Es una pena que la mayoría de los jóvenes se sientan invencibles y no tiendan a escuchar demasiado. Entiendo esto muy bien.

La vida en la calle es un mundo alejado de los padres y de toda la mierda en casa. Salíamos y las calles y se convertirían en nuestros maestros. Es tan fácil quedar atrapado en esto cuando todos en el barrio están haciendo lo mismo. Aprendí de la manera difícil y las personas en las que debería haber confiado más, se convirtieron en una mera sombra.

De saber que este es el precio a pagar, probablemente habría confiado en aquellos que tenían mi mejor interés: mi familia, aún tan desordenada como estaba. Sí, todos éramos disfuncionales, pero era todo lo que tenía. No solo me lastimé a mí mismo, sino a toda mi familia. Sufrieron dolor emocional, dolor físico y una gran pérdida financiera. Pagaron por abogados cuando en realidad era culpable, más el costo de visitarme en el norte del estado de Nueva York en las cárceles para traerme zapatillas de deporte, o el poco dinero que pudieran para comida y estampillas. Todo el mundo pagó el precio por mi ignorancia y estupidez. Destrocé a mi familia pieza por pieza; fue como el efecto dominó. A partir de entonces, llegué a casa a la separación, la enfermedad familiar y la muerte. Vi como el legado de mi familia se derrumbó y me sentí impotente. Todos en mi familia ya casi se han ido. Los que quedan están físicamente enfermos, mentalmente levantados, o viven lejos y es como si ni siquiera estuvieran allí.

Todo el tiempo, seguí un patrón que no pude reconocer y que gota a gota destruyó todo a su paso. No hay botón de reinicio o rehacer. A menudo me pregunto si podría haber hecho algo antes para cambiar el resultado. Me pregunto dónde estaría si Dios no me hubiera rescatado ... Tuve que ponerme de rodillas antes de hacer el cambio.

Ahora veo el tiempo como algo precioso, el poco que hay. ¿Dónde han ido todos los años? Todo y todos se ven muy diferentes. Miro en el espejo mi cara y cuerpo envejecidos, y aunque todavía puedo ver a ese niño y sentir su dolor, todo parece estar muy lejos. Ahora trato de ponerme al día en mi vejez, pero lo que se fue, se fue para siempre; tan difícil como es. ¿Tenía que ser así? Miro la foto mía de cuando bebé, la única que tengo, y le digo al niño: "Hoy estoy aquí como adulto para cuidarte y amarte, que eres suficiente y me ocuparé de ti. De aquí en adelante, ya no tendrás que sufrir ". Es hora de que el niño salga, ría y juegue, que el adolescente esté feliz y contento, y que el adulto esté en paz y encuentre su alegría.

Si tan solo pudiera vivir cien años más y corregir todos mis errores. Si solo me quedara una cosa por hacer sería amar a quienes me aman, curar lo que queda de mi familia y los que me rodean. Todos hemos sido lastimados por las circunstancias de la vida de una forma u otra. Muchos de nosotros tenemos rencores y dolor en nuestro cuerpo. No perdonamos fácilmente, ni lo dejamos ir; y si nos mantenemos en la batalla con nosotros mismos, podemos enfermarnos psicológicamente y emocionalmente. El odio a sí mismo se convierte en un veneno tóxico al que somos inmunes y condicionados. Esto es fácil para nosotros porque es todo lo que sabemos hacer, y la mayoría de las veces ni siquiera nos damos cuenta, como si fuera la norma. A medida que el reloj sigue marcando, la vida nos evade y envejecemos.

Quiero apreciar los pocos momentos que me quedan en la tierra, y algún día encontrar mi paz. Aunque todavía no me arrepiento, hay algunas cosas que yo desearía haber hecho de otra manera. El error de esos percances me seguirá para siempre, y es la cruz que debo cargar hasta mi último aliento.

Todo en la vida tiene su propio momento, y por cualquier razón, es como se supone que debe ser. Hoy vivo en el momento, he aceptado todo lo que es: "Es lo que es". Ni yo ni nadie más puede cambiar el pasado; solo podemos tratar de ser la mejor persona posible y aprender de nuestros errores. Si permito que afloren mis sentimientos, puedo soltarlos y ellos también se cumplirán. Solo tengo que aguantar y caminar a través del dolor sin miedo. La mayoría de las veces, es en ese nivel profundo donde se aprenden las mejores lecciones. El mensaje no siempre es claro, muchas veces se mantiene oculto, pero está ahí. Un hombre sabio no solo aprende de sus errores. Nuestras elecciones determinan nuestro camino. Todos tenemos el poder de elección, por lo que es importante elegir sabiamente.

Mi esposa y yo nos hemos preparado para contar mi historia y cómo podría afectar nuestras vidas. Me he arriesgado mucho al revelar todo esto. Incluso podría ser condenado al ostracismo por toda una comunidad, incluidos muchos de nuestros amigos. Morir con los secretos de mi pasado, escondidos detrás de mi máscara, realmente habría enterrado mi alma, y sabía que mi responsabilidad era sanar para poder salir de esta tierra con un espíritu más saludable que el que heredé.

Hector La Fosse
In recognition of your Selfless Volunteer
Service to Cypress Reserve HOA
February 2004 - May 2017

SPREADING HOPE, LOVE AND POSITIVITY
ONE COMMUNITY AT A TIME.
@NOREGRETSTHEJOURNEY

CAPITULO 18

Mi recompensa

Trece años después, un amigo que era el nuevo presidente de HOA y los miembros de la junta me llamaron. Me honraron con una placa con mi nombre grabado en un monumento de piedra en el parque infantil de nueva construcción. Todo fue en reconocimiento a mis trece años de servicio voluntario desinteresado. Esa fue una de las mayores recompensas de mi vida. La primera recompensa fue cuando Byron, el niño en Florida del que solía ser mentor, vino a decirme que estaba en la universidad y se dirigía a China para trabajar como profesor de inglés.

Después de muchos años, recibí una llamada de California: era Harry. Pude hacer un viaje a San Francisco y pasar dos semanas con él y su hermano Herb. Fue una reunión muy esperada y nuestra amistad se reavivó. Había que ponerse al día en tan poco tiempo. Al principio se sintió un poco extraño compartir nuestros éxitos y no las historias de guerra con las que ambos nos identificamos. Habíamos recorrido muchos caminos juntos y solos. Somos hombres diferentes ahora, ninguno de nosotros debería estar aquí después de todas las batallas y sacrificios por los que hemos pasado. Se ha convertido en un exitoso consejero juvenil en California trabajando con jóvenes de pandillas que ayudan a salvar vidas. ¡Qué irónico es eso! Dios tiene un sentido del humor particular. Cuarenta y ocho años después, seguimos siendo tan importantes el uno para el otro como el día en el callejón donde hicimos ese pacto.

Hace dos años, en 2016, Harry me invitó a asistir a un evento de alfombra roja en la ciudad de Nueva York para el estreno de la película *Wall Writers*, que narra la era del grafiti e incluyó sus primeros trabajos como pionero de ese movimiento. No podíamos creer la fila de personas que esperaban obtener la firma de Harry. Artistas de grafiti vinieron de todo el mundo para ver la película y conocerlo. Estaba muy orgulloso de él y de nuestros amigos del vecindario. Había estado escribiendo un poco aquí y allá sobre mi vida en un cuaderno, pero fue esa noche que

Harry me inspiró a escribir completamente mi historia. Hoy, él continúa motivándome mientras me alienta a que nunca renuncie.

La vida seguramente ha cerrado el círculo. Es posible que no tenga la mejor explicación de por qué las cosas sucedieron de la manera en que sucedieron o mi reacción a las circunstancias. Fue la mano que me repartieron y jugué de la única manera que sabía. Mis experiencias determinaron quién soy, y no puedo decir que me arrepienta de eso, porque probablemente no sería quien soy hoy.

Ahora, el secreto está fuera, la máscara está fuera y tengo el valor de decir: "Júzgame como soy, no por lo quien fui" … ¡Soy LIBRE! ¡No tengo excusas!

EPILOGO

Encerrado en un mundo de fantasía lleno de ilusiones y mentiras, creyendo en lo que vi o escuché, las calles se convirtieron en mi maestra. Creí en una mentira durante tanto tiempo que tuve miedo de mirar la verdad. Mi único objetivo se convirtió en impulsar mi imagen y poder. Estaba obsesionado y consumido por querer más y no me importaban las consecuencias. Estaba en negación, pensando que sería diferente si lo hiciera de otra manera. Controlado por mi ego, estaba constantemente en una lucha interna conmigo mismo. Todo el tiempo, mi conciencia estaba tocando, pero me negué a escuchar. Espiritualmente estaba muerto. No quedaba vida en mí. Me volví miserable en mi propia piel. Fui en círculos y no pude encontrar una salida del mundo perdido en el que estaba atrapado, y repetía las mismas cosas una y otra vez, día tras día, mes tras mes y año tras año, veía cómo el tiempo se convertía en décadas y me quedé estancado. Tanto tiempo perdido, atrapado en el abismo de una enfermedad que era más fuerte de lo que imaginaba. Esta me gobernó y me llevó a los rincones oscuros del infierno. Caminé entre gente que, cuando los mirabas a los ojos, no podías ver nada más que una mirada en blanco, como zombis. La persona que vi en el espejo era un completo desconocido. Seguí caminando entre los fantasmas en busca de nada y persiguiendo el viento. Estaba totalmente derrotado y al final de mi cuerda. Adicto al estilo de vida que venía con el juego, y confinado a una prisión que había creado en mi propia mente, me convertí en el rehén de mi propia creación. La vida en la calle se convirtió en el camino, me abrazó y controló. Llevaba la carga del niño pequeño dentro de mí, dictando mi vida porque estaba herido, mientras que el adolescente enojado seguía rebelándose y el adulto confundido era miserable. Usé todo y a todos los que pude para detener el ruido en mi cabeza y adormecer el dolor a través del sexo, el dinero y las drogas. Los secretos me retuvieron diariamente, y bloquear el dolor era mi única misión. Creé mi propio infierno en la tierra.

Desde un poder profundo, finalmente tomé la decisión de liberarme de mi autodestrucción y tomar medidas. Elegí el camino para cambiar. Ese fue mi primer avance. Las paredes para escalar eran altas, pero estaba determinado y no podía seguir haciéndome daño. En los momentos más oscuros, me enfrentaba a mí mismo, ya no podía correr, decidí que era ahora o nunca. Necesitaba encontrar ese lugar donde estaría a salvo. Cuando me golpeé las rodillas y, en total desesperación, me volví hacia Dios, y sentí un destello de esperanza. Le supliqué a Dios que me diera una oportunidad más para comenzar de nuevo y me escuchó. Sabía que podía hacer esto. Probablemente me caería de bruces varias veces, por dudas o inseguridad, pero decidí continuar a pesar de todo lo que encontraría. Finalmente, estaba dispuesto a pagar el precio que necesitaba. A partir de ese momento, las cosas mejoraron. Cambié mi pensamiento y me convencí de que podía hacerlo. Incluso hoy, cuarenta y cinco años después, todavía veo los rostros de las personas a las que lastimé durante mis batallas callejeras, y las pesadillas de estar de vuelta en la prisión todavía me persiguen. Muchas noches sueño que peleo, escucho disparos, me apuñalan y me persiguen o escucho los horrores del abuso sexual, los gritos de los demás y me despierto sudando frío. Las calles eran duras y tenían un precio. Muchas de mis víctimas también tenían familias y también, se vieron afectadas por las decisiones que tomé. Tuve que aceptar esas decisiones y trabajar duro para perdonarme. Nunca he dejado de rezar por esas familias cuyas vidas he destruido. Es bárbaro cómo todos sufren en el juego, pero seguimos jugando. Nunca es fácil, y el proceso de curación tarda en llegar. Después de años de pesadillas recurrentes, finalmente busqué ayuda y me diagnosticaron un trastorno de estrés postraumático o TEPT. No estoy seguro del plan de Dios para mí, pero trato de mantenerme lo suficientemente quieto como para escuchar. Hoy acepto la responsabilidad, sigo siendo positivo y busco razones para sentirme vivo. Es por la gracia de Dios que estoy aquí para compartir mi historia contigo, cuando debería haber estado muerto hace mucho tiempo. Hoy ese destello de esperanza aún brilla intensamente, mientras renuevo mi compromiso todos los días para mantener la luz encendida.

Hay muy poco de lo que me quejo hoy. Soy bendecido más allá de mis sueños más salvajes. Al escribir mi historia, tuve que investigar mucho. Me preguntaba si quería revivir mi pasado experimentando nuevamente algunos de los momentos traumáticos y dolorosos. Cuanto más cavaba, más fuertes eran los sentimientos y las lágrimas rodaban por mi rostro. Todo sigue tan fresco como ayer. Nunca se hace más fácil. Solo aprendo a enterrar los pensamientos y seguir adelante. No importa cuánto trate de escapar corriendo, la máscara se mantenía intacta y eventualmente el pasado la seguiría de cerca. He hecho un gran esfuerzo para romper la máscara y, aunque quedan algunos fragmentos, en su mayor parte, ya ha desaparecido y he podido restaurar algo de cordura. Por difícil que sea, el trabajo continúa y debo liberarme de las muchas máscaras que he usado para finalmente poder abrazarme y vivir como mi verdadero yo.

No fue fácil tener que tomar las decisiones que hice sin nadie allí para guiarme o ayudarme. Todo lo que había sufrido y las decisiones que tomé fueron un resultado directo de esa experiencia de la infancia que me afligió durante toda mi vida. Fueron esos sentimientos los que llevé conmigo durante 45 años, de los que constantemente intentaba escapar separándome de la humanidad, haciendo que creara las muchas máscaras que había usado. Ninguna cárcel podría retener mi alma como la prisión en la que me había encerrado yo mismo. Esas fueron las paredes más altas por las que tuve que trepar y nada podría ser más desafiante. Es realmente un milagro que alguien haya sobrevivido a una tormenta emocional y espiritual durante tanto tiempo.

Debo aceptar el hecho de que lastimé a muchas personas y usé a muchas mujeres. Me doy cuenta de que nunca fui un gánster, pero fingí serlo por miedo y por mera supervivencia. La manipulación, el engaño y actuar como un estafador se convirtió en parte de mi naturaleza. Siempre se trataba de lo que quería y nadie podía interponerse en mi camino. Estaba disgustado conmigo mismo y no confiaba en nadie. Mi historia no es sobre los crímenes, sino sobre mis luchas, mis secretos, mi limitada perspectiva y el pensamiento irracional que surgió de un niño herido, de mente cerrada y cuyos defectos cargó hasta la adultez. Pero mi historia también trata sobre mi éxito y las grandes lecciones que surgieron del avance y el desafío en mi búsqueda del amor y la paz. Las experiencias dolorosas obstruyeron mi visión y, por lo tanto, no sabía realmente qué era el amor o la paz. No es de extrañar que los niños sin influencias positivas o modelos a seguir se encuentren perdidos. Desde el principio, todo es una batalla cuesta arriba que se vuelve muy compleja para un niño que puede ser fácilmente dirigido en la dirección equivocada. Yo era un niño enojado, perdido, rebelde y sin dirección, en busca del amor de su madre en cada mujer que encontraba, queriendo que lo abrazaran y le dieran una oportunidad. El proceso de curación tiene que iniciar donde comenzó el dolor con ese niño pequeño. La curación de ese niño, bien puede ser que se haya convertido en mi viaje de toda la vida.

Estoy lejos del ser esclavizado en una celda de prisión de 6' x 9' donde pasé una gran parte de mi vida. Se trata de encontrarme a mí y al viaje interior. Rezo para nunca olvidar las lecciones. Es a través de esas experiencias que he obtenido la poca sabiduría que tengo. Ya no estoy amargado o enojado, sino tranquilo y contento. Dios ha provisto todas mis necesidades y algo más. Se me ha dado una tercera oportunidad para redirigir mi vida y dejar al mundo en un lugar mejor. Todo en la vida tiene un propósito; dolor, sufrimiento, muerte e incluso amor. Esto ya no se trata de nadie más, sino de mí. Ahora entiendo que tuve que morir mil muertes para poder vivir esta vida.

Se trata de los sentimientos y de permitirme atravesar el dolor sin resistencia, porque ellos, como todo lo demás, serán parte del pasado. Solo tengo que aguantar y salir de la tormenta. Ya sea que se trate de un corazón roto, dolores de crecimiento o experiencias crudas, sé que "esto también pasará" y superaré lo que sea. Las lecciones para mí fueron difíciles y seguirán viniendo, pero ya no corro. Nadie me prometió una vida sin dolor; el dolor tiene una forma de cortar las alas de uno cuando debían volar libres. Soy esa águila con alas hechas jirones que nunca voló, pero ahora se eleva. Nadie diría: "Mira el águila tiene alas feas". No, dirían: "Mira esa águila, es un milagro que todavía esté vivo y en ascenso". El potencial de ser libre siempre ha estado dentro de mí. No tengo el poder de cambiar el pasado, lo acepto tal como es. La vida no sucede sin lucha, pero seguiré sonriendo. Continuaré tratando de encontrar un lugar donde haya alegría, para que la alegría pueda quemar el dolor. Mi vida y experiencias no fueron en vano. Ahora, sé que había un propósito mayor.

Es ese propósito el que ahora busco. Puedo superar y superaré cualquier cosa que me depare la vida. Para mí, la muerte no es la mayor pérdida: la mayor pérdida es lo que muere dentro de mí mientras vivo. Realmente ahora puedo decir: "¡Soy todo un hombre!"

En retrospectiva, mirando mi historia familiar, mi padre me amaba como nos amó a todos. A pesar de todo lo malo que hizo, era un buen hombre y un padre protector. Su padre probablemente lo trató igual. Ahora puedo ver que estaba atrapado en un ciclo familiar de abuso. Hubo días en que estuvo mejor, y elijo recordar esos momentos. Ser alcohólico solo le sacaba lo peor. Con la mayoría de mis hermanos atrapados en alguna forma de adicción, yo sabía que también seguiría ese camino de sufrimiento a menos que ocurriera algo drástico que interrumpiera el patrón. Tomé algunas malas decisiones y pagué un precio muy alto. Todo lo que creía saber estaba sujeto a revisión.

Hay mucho trabajo por hacer para crecer y pasar a la siguiente fase de mi viaje. Todavía estoy descubriendo mi propósito en la vida. De lo que estoy seguro es que necesitaba ver cómo mi defecto de carácter ha gobernado mi vida y tuve que tolerar algunas explosiones nucleares para reconstruirla. He aprendido muchas lecciones. Ahora puedo entenderme mejor a mí mismo, mis reacciones y mis emociones. No importa cuán difíciles fueran esas lecciones, se convirtieron en la puerta de entrada a mi curación. Lo mejor que pude hacer fue abrir mis brazos y abrazar lo que fuera. Fue esa aceptación y entrega lo que me ayudó. Así es como vivo mi vida hoy y, aunque nunca es fácil, es mejor. No ofrezco resistencia a lo que es, y me tomo un día a la vez y eso es lo mejor que puedo esperar.

Hoy lo más valioso que tengo es mi espíritu; y cuando no estoy bien en mi interior, soy miserable. Estoy aprendiendo a permitir que el momento presente sea lo que es y a aceptar la naturaleza perecedera de todas las cosas y las condiciones. Cuando vivo en total aceptación de lo que es, hay paz, y esto calma cualquier drama que pueda surgir en mi vida. Mi concepto de amor y afecto siempre ha sido retorcido y todas las cosas que creía saber, me veo obligado a desaprender. Tuve que volver a conectar mi cerebro con nueva información, incorporar mejores opciones y un comportamiento responsable. Ya no estoy excluido de la vida, ahora soy alguien con vida. He encontrado un sentido de pertenencia y estoy más feliz de ser yo. Hoy definitivamente estoy en un lugar mejor. La paz ha sido difícil de alcanzar, pero las cosas por venir me inspiran para continuar buscándola. Encontrar propósito y paz es mi viaje de toda la vida.

En mi peor dolor, llegó el mayor crecimiento y estoy agradecido por la dolorosa bendición. Hoy vivo una vida humilde en mi propia casa con mi amada esposa y mis dos perros. A pesar de todas las luchas, hemos sido afortunados y bendecidos. Si mi Dios me llamara hoy, iría sin resistencia. Ya no tengo miedo, vivo el momento. Seguiré siendo la mejor persona que pueda y compartiré todo el amor que pueda hasta que me llamen a casa.

Todos los días le pido perdón a mi Dios por el dolor que he causado a otros, por mi juicio sobre los demás y por mis defectos (mis reparaciones continuarán para siempre): a mi padre que hizo lo mejor que pudo y me dio lo que tenía a través de lo que sabía. A mi madre a quien le di un mal rato y sufrió muerte solitaria sin poder ver a su hijo viviendo bien y prosperando. —Te extraño mucho, mami, y te amo. Tengo tu foto en mi escritorio y cuando miro tus ojos, eso me dice que tú también me amas y que siempre estás conmigo—. A mis hijos, particularmente a mis dos hijos que nunca me entendieron debido a mi falta de habilidades de comunicación, mi intolerancia, mi terquedad e impaciencia. Siempre fue mi camino y mi punto de vista. Al oficial de policía que lastimé y a su familia. A mis amigos que pueden ser lastimados por mi honestidad y revelaciones. A todas las mujeres buenas de mi vida que me amaban y a las que he herido por mi egoísmo. A mi amada esposa por fallarle a veces de ser el mejor esposo que podía ser mientras ella está a mi lado.

Escribí esto para poder contar esta historia a través de mis ojos, mi verdad. Quería que mis hijos aprendieran sobre mi lucha y lo dije tan honestamente como pude. Esta no es toda la historia y algunas cosas se omitieron para no dañar directamente a nadie. Estoy seguro de que algunos nunca me perdonarán y eso también está bien. Espero que todos encontremos el poder para seguir adelante. Te deseo toda la libertad de lo que te mantiene atrapado.

A medida que continúo mi viaje de autoexploración, espero que cualquier cosa que haya hecho o pueda hacer haga la diferencia en la vida de alguien.

Los errores de mi vida pueden no haber terminado. Mucho se ha perdido y se ha ido para siempre. No puedo cambiar lo que sucedió, pero puedo detener el sangrado al no repetir mis errores. Perdonemos, para que podamos vivir.

"Después de las lágrimas viene la alegría".

Mira hasta donde llegue – Bounty Hunter

NO PUEDO HUIR DE MÍ MISMO

SOBRE EL AUTOR

Fue muy difícil escribir este libro, y tuve mucha aprensión. Tenía miedo de que pudiera sorprender y lastimar a la gente, pero esto es realmente lo que soy. Sentí la necesidad de liberarme de los secretos y los demonios que me retenían como rehén toda mi vida. Viví una mentira y la carga de la máscara que llevaba me mantuvo enfermo. Escribir me ayudó a enfrentar mis inseguridades y la necesidad de ser aceptado socialmente. Hui de la vida poniéndome en esta burbuja impenetrable fuera de los reinos de la sociedad. Creé un dolor innecesario sin entender que era a mí a quien estaba lastimando. Estaba viviendo una mentira y necesitaba ser libre. Espero llegar a otros que han sufrido o aún sufren con vergüenza y culpa. Espero llevar un mensaje de esperanza y aceptación a aquellos que todavía están luchando.

He podido lograr muchas cosas con las que solo podría haber soñado: Me convertí en un Consejero Licenciado Internacional en Adicciones ayudando a otros, ya que ha sido mi pasión en la vida. Inventé un dispositivo médico ortopédico y obtuve una patente del gobierno de EE.UU. He comenzado varios negocios. El Gobernador del Estado de Nueva York me otorgó un Certificado de Liberación; como resultado pude convertirme en un agente de recuperación de fugitivos. Soy un cerrajero certificado. Serví durante nueve años como coordinador del Programa Crime Watch en nuestra comunidad y soy un ex miembro de la Florida Crime Prevention Association. Y, sobre todo, soy el verdadero Pepe Santos sin la máscara.

Sin Lamentos

LISTA DE PERSONAJES

1. Pepe Santos - Yo
2. Pop - Papá
3. Mom- Mamá
4. Cindy – Hermana pequeña
5. Mimi- Primera novia
6. Curtis, Ray, Teddy, Sally Pauli, Clyde – Amigos de Escuela Elemental
7. Jimbo – Hermano mayor
8. Mary – Ex-cuñada
9. Nelly – Hermana de Mary
10. Ray, Larry – Amigos de Brooklyn
11. Victor - Tio
12. Harry – Mejor amigo
13. Niño Blanco – Trepador/ Accidente de tren
14. Terry – Noviecita de niñez
15. Andrea – Madre de primer hijo
16. Anthony – Primer hijo
17. Renzo – Ex-cuñado
18. Alex – Segundo hijo
19. Ed - Hermano
20. Dee - Hermana
21. Will – Presidente Demonios Latinos (Latin Demons)
22. Nick - VP Demonios Latinos (Latin Demons)
23. Danny – Artista miembro de la ganga

24. Mambo - Primo

25. Joey – Mejor amigo

26. Mick – Hermano de Joey

27. Lollipop – Amigo homosexual (gay)

28. Bella – Madre de Segundo hijo

29. Freddy – Amigo de la cárcel

30. Mario – Italiano en equipo de beisból

31. Novia – sin nombre

32. Jimmy – Conexión en la droga con los Dominicanos

33. Amiga de Hermana – sin nombre

34. Joe – Conexión Colombiana en caso de la hermana

35. Marleen – Novia de Mambo, enfermera en Harlem Hospital

36. Sal – Ex-cuñado

37. Yolanda - Novia

38. Byron – Niño del Barrio

39. Sky - Esposa

www.ingramcontent.com/pod-product-compliance
Lightning Source LLC
Chambersburg PA
CBHW071600030726
47593CB00001BA/255